AF275207

COLEX

Disfrute gratuitamente **DURANTE UN AÑO** de los eBook y audiolibros de las obras de Editorial Colex*

⊘ Acceda a la página web de la editorial **www.colex.es**

⊘ Identifíquese con su usuario y contraseña. En caso de no disponer de una cuenta regístrese.

⊘ Acceda en el menú de usuario a la pestaña «Mis códigos» e introduzca el que aparece a continuación:

RASCAR PARA VISUALIZAR EL CÓDIGO

Costas procesales. Paso a paso

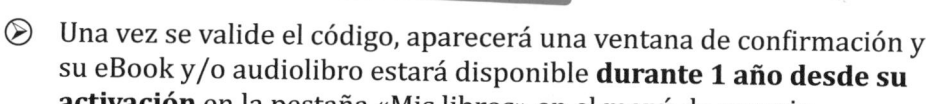

⊘ Una vez se valide el código, aparecerá una ventana de confirmación y su eBook y/o audiolibro estará disponible **durante 1 año desde su activación** en la pestaña «Mis libros» en el menú de usuario.

---

* Los audiolibros están disponibles en las ediciones más recientes de nuestras obras. Se excluyen expresamente las colecciones «Códigos comentados», «Biblioteca digital» y los productos de www.vademecumlegal.es.

No se admitirá la devolución si el código promocional ha sido manipulado y/o utilizado.

¡Gracias por confiar en nosotros!

La obra que acaba de adquirir incluye de forma gratuita la versión electrónica. Acceda a nuestra página web para aprovechar todas las funcionalidades de las que dispone en nuestro lector.

Funcionalidades eBook

Acceso desde cualquier dispositivo con conexión a internet

Idéntica visualización a la edición de papel

Navegación intuitiva

Tamaño del texto adaptable

Síguenos en: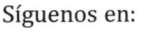

COSTAS PROCESALES

Guía práctica sobre los expedientes de tasación e impugnación de costas en los diferentes órdenes jurisdiccionales

COSTAS PROCESALES

Guía práctica sobre los expedientes de tasación e impugnación de costas en los diferentes órdenes jurisdiccionales

4.ª EDICIÓN 2025

Obra realizada por el Departamento de Documentación de Iberley

COLEX 2025

© Editorial Colex, S.L.
Calle Costa Rica, número 5, 3º B (local comercial)
A Coruña, C.P. 15004
info@colex.es
www.colex.es

I.S.B.N.: 978-84-1194-949-1
Depósito legal: C 390-2025

SUMARIO

ANEXO I.
CASOS PRÁCTICOS

ANEXO II.
FORMULARIOS

0.
LAS COSTAS PROCESALES: TASACIÓN

Las costas procesales y su tasación

Según la definición dada por el diccionario del español jurídico de la Real Academia Española (RAE), las costas procesales son:

> «Parte de los gastos procesales que tiene origen en el proceso y cuyo pago recae en las partes, de acuerdo con lo que determinen las leyes procesales. Cada una de las partes tiene derecho a ser resarcida si al final del proceso se declara la condena en costas de la contraria».

De acuerdo con el artículo 241 de la Ley de Enjuiciamiento Civil cada parte en el procedimiento pagará los gastos y costas del proceso causados a su instancia a medida que se vayan produciendo.

A TENER EN CUENTA. Existe una salvedad a lo dispuesto en este artículo de la LEC, que se identifica con lo previsto en la Ley de Asistencia Jurídica Gratuita.

Se considerarán **gastos del proceso** aquellos desembolsos que tengan su origen directo e inmediato en la existencia de dicho proceso, y se considerarán **costas** la parte de aquellos que se refieran a los siguientes conceptos:

- Honorarios de la defensa y de la representación técnica **cuando sean preceptivas**.
- Inserción de anuncios o edictos que deban publicarse en el curso del proceso **de forma obligada**.
- **Depósitos necesarios** para la presentación de recursos.
- Derechos de peritos y demás abonos que tengan que realizarse a personas que hayan intervenido en el proceso.
- Copias, certificaciones, notas, testimonios y documentos análogos que hayan de solicitarse conforme a la ley, salvo los que se reclamen por el tribunal a registros y protocolos públicos, que serán gratuitos.

– Derechos arancelarios que deban abonarse como consecuencia de actuaciones necesarias para el desarrollo del proceso.

– La tasa por el ejercicio de la potestad jurisdiccional, **cuando sea preceptiva**. No se incluirá en las costas del proceso el importe de la tasa abonada en los procesos de ejecución de las hipotecas constituidas para la adquisición de vivienda habitual. Tampoco se incluirá en los demás procesos de ejecución derivados de dichos préstamos o créditos hipotecarios cuando se dirijan contra el propio ejecutado o contra los avalistas.

Los titulares de créditos derivados de actuaciones procesales podrán reclamarlos de la parte o partes que deban satisfacerlos sin esperar a que el proceso finalice y con independencia del eventual pronunciamiento sobre costas que en este recaiga.

Las costas procesales únicamente se ciñen a la anterior enumeración, la cual es *numerus clausus*.

CUESTIONES

1. Una abogada recibe el encargo de una clienta para interponer una demanda por unas humedades en su vivienda contra el constructor. La letrada acude a la vivienda para conocer en qué situación está antes de presentar la demanda. Una vez presentada, la parte contraria se opone y el proceso finaliza con sentencia estimatoria de la demanda. ¿En la tasación de costas se pueden incluir los honorarios que el abogado le ha girado a la cliente por hacer gestiones previas a la demanda?

No, las cantidades por actuaciones previas al procedimiento no se pueden minutar a la parte condenada en costas.

2. ¿La factura de derechos arancelarios del notario por otorgamiento de poder para pleitos tiene consideración de costas procesales?

Sí, los gastos por la factura de derechos arancelarios del notario por otorgamiento de poder para pleitos tienen la consideración de costas procesales. En este sentido se pronuncia la *sentencia de la Audiencia Provincial de Málaga n.º 151/2008, de 13 de marzo, ECLI:ES:APMA:2008:611*:

«*(...) el importe de la facturas que acompaña como documentos n.º 28 a 31, esto es, los correspondientes a la factura de honorarios por informe topográfico, factura de derechos arancelarios de Notario por otorgamiento de poder para pleitos y factura de honorarios del Registrador de la Propiedad por expedición de certificación de cargas, conceptos que no son reintegrables como indemnización de daños y perjuicios, sino que, al tratarse de gastos ocasionados a la parte como consecuencia del proceso, tienen el carácter de costas procesales. Así están expresamente reconocidos en el artículo 241 párrafo, segundo, en los n.º 4 (derechos de peritos y demás abonos a personas que hayan intervenido en el proceso), n.º 5 (copias, certificaciones, notas, testimonios y documentos análogos que hayan de solicitarse conforme a la Ley) y n.º 6 (derechos arancelarios que deban abonarse como consecuencia de actuaciones necesarias para el desarrollo del proceso) y en este concepto, en su caso, pueden y han de ser reclamados, por lo que procede desestimar el motivo, sin necesidad de mayor argumentación*».

A TENER EN CUENTA. De acuerdo con Tribunal Supremo, las costas y los honorarios profesionales son conceptos distintos que confluyen en el proceso. Por un lado, las costas constituyen una indemnización a la parte que ha obtenido el reconocimiento de sus peticiones, mientras que los honorarios profesionales corresponden al precio de los servicios prestados en virtud del contrato de arrendamiento llevado a cabo entre las partes. En este sentido, la sentencia del Tribunal Supremo n.º 489/2003, de 8 de septiembre, ECLI:ES:TS:2003:5420 dispone lo siguiente:

«Es doctrina consolidada emanada de las resoluciones de esta Sala, la que establece que cuando se ha producido una condena en costas a la parte que interpuso el recurso, es lógico concluir que ha de verse obligada ésta al abono de las costas incluidas en la tasación efectuada por el Secretario judicial en la que, lógicamente, se incluirán los honorarios devengados por el Letrado que defiende a la parte contraria, siempre que su minuta se halle legalmente redactada y cualquiera que sea la forma de pago de los servicios profesionales que haya podido pactarse entre la parte a quien han sido judicialmente condenada las costas y el Abogado que los prestó, y sin que, por ser ajeno a tal relación contractual, pueda beneficiarse tal parte del dato de que tales servicios hayan podido o no ser ya total o parcialmente retribuidos por el arrendador de los mismos, pues ello, no sólo resultaría contradictorio con el mandato judicial que la condena en costas comporta, sino también porque incluso podría deparar un perjuicio económico inadmisible.

Todo lo cual sirve para enervar la tesis impugnatoria de la parte solicitante, que se basa en dos datos: 1.º- Que no se han desembolsado los gastos que se incluyen en la tasación, y 2.º- Que ni siquiera son gastos de la parte vencedora».

Por lo tanto, la **finalidad** de las costas procesales es rehabilitar la situación patrimonial del beneficiario del pronunciamiento, que ha incurrido en unos gastos que la parte condenada al pago le ha causado al obligarla a acudir a un proceso judicial.

La tasación de costas en la justicia gratuita

De acuerdo con el **artículo 36.2 de la Ley 1/1996, de 10 de enero, de asistencia jurídica gratuita**, quien hubiera sido beneficiario del derecho a la asistencia jurídica gratuita o lo tuviera reconocido legalmente, y fuera condenado al pago de costas, no está obligado a pagar las mismas, **salvo que, dentro de los tres años siguientes a la terminación del proceso, viniere a mejor fortuna**, quedando, mientras tanto, interrumpida la prescripción del artículo 1967 del Código Civil.

A TENER EN CUENTA. Se presume que el beneficiario de la justicia gratuita ha venido a mejor fortuna cuando sus ingresos y recursos económicos por todos los conceptos superen el doble del módulo previsto en el artículo 3 de la Ley de Justicia Gratuita, o si se hubieren alterado sustancialmente las circunstancias y condiciones tenidas en cuenta para reconocer el derecho conforme a la mencionada ley.

Así lo recoge el **auto del Tribunal Supremo, rec. 6116/2023, de 12 de febrero de 2024, ECLI:ES:TS:2024:1490A**, en el que se recoge que «(...) estando acreditado en autos dicho beneficio en favor de la recurrente, se estima en parte el recurso en lo relativo al requerimiento de ingreso, que sólo podrá efectuarse en caso de que el condenado en costas venga a mejor fortuna en los tres años siguientes a la terminación del proceso, como establece el artículo 36.2 de la Ley 1/1996, de 10 de enero, de asistencia jurídica gratuita».

CUESTIÓN

En el supuesto de que la justicia gratuita no se haya concedido por falta de recursos económicos para litigar, ¿también sería de aplicación este plazo de 3 años para mejorar en fortuna?

No, y así lo ha afirmado nuestro Tribunal Supremo, por ejemplo, en su auto, rec. 932/2020, de 21 de noviembre, ECLI:ES:TS:2023:15883A, en el que tras analizar su doctrina en el supuesto de la concesión de la justicia gratuita cuando se carece de recursos para litigar, analiza también el supuesto en el que el motivo de la concesión fue otro distinto:

«1.ª) Como ambas partes demuestran conocer, esta sala viene reiterando que no cabe recurrir, por falta de pronunciamiento que perjudique al recurrente (art. 448.1 LEC), el decreto aprobatorio de una tasación de costas no impugnada en cuya parte dispositiva tan solo se contenga una información dirigida a poner en conocimiento del obligado al pago la forma de proceder al pago voluntario, para evitar la ejecución forzosa, y que no contenga un requerimiento ejecutivo ni un apercibimiento de embargo (en este sentido p.ej. el citado auto de 11 de enero de 2022, y el reciente auto de 24 de octubre de 2023, rec. 5228/2020).

Ahora bien, la razón de ser esa doctrina se encuentra en que "el deber de pagar las costas existe y es carga procesal de la impugnante [...] y por tanto resulta procedente la práctica de su tasación y de las actuaciones que la complementan en idénticos términos que en los casos en que el obligado al pago de las costas no tiene reconocido el beneficio de asistencia jurídica gratuita", sin que el decreto en el que se aprueba la tasación de costas deba pronunciarse sobre la suspensión de la vía de apremio, ya que esta no se ha iniciado, ni en términos abstractos sobre la posible exención del pago de las costas antes de que se inste la ejecución forzosa de la condenada en costas, "puesto que la aplicación del artículo 36.2 de la Ley 1/1996, de 10 de enero, de Asistencia Jurídica Gratuita, exige que se acrediten las circunstancias previstas en dicho precepto, bien para suspender el pago de las costas, bien para proceder a su exacción (ATS de 27 de abril de 2010, rec. n.º 416/2007)", y sin que tampoco el decreto deba "eximir del pago de las costas, ya que su obligación, como se ha indicado, existe sin perjuicio de la aplicación del precepto antes citado".

En esta misma línea, la reciente sentencia 1437/2023, de 18 de octubre, reitera que "la condena en costas es compatible con disfrutar del beneficio de asistencia jurídica gratuita y llevar a efecto la correspondiente tasación de costas para el caso de mejor fortuna, como resulta de lo dispuesto en el art. 36.2 LAJG".

2.ª) Esta doctrina no es aplicable porque en este caso el derecho de justicia gratuita se ha reconocido no por la insuficiencia de recursos económicos para litigar de la persona tutelada en cuyo nombre actúa en este litigio el hoy recurrente, sino con base en el art. 2. i) LAJG, por sufrir secuelas permanentes y ser objeto del litigio la reclamación de indemnización por los daños sufridos, lo que determina que no sea aplicable lo dispuesto en el art. 36.2 LAJG para el caso de mejor fortuna, con la consecuencia de que en este caso la parte dispositiva del decreto recurrido no tenga justificación al no depender la exención de pago de las costas de que se acrediten las circunstancias del art. 36.2 LAJG».

Asimismo, de acuerdo con la Ley de Enjuiciamiento Civil, cuando una de las partes del procedimiento sea beneficiario del derecho de asistencia jurídica gratuita, no se discutirá ni se resolverá en el incidente de tasación de costas cuestión alguna relativa a la obligación de la Administración de asumir el pago de las cantidades que se le reclaman por aplicación de la Ley de Asistencia Jurídica Gratuita.

Un caso distinto es el procedimiento de ejecución de sentencia, que de acuerdo con el apartado 2 del artículo 539 de la LEC:

«2. En las actuaciones del proceso de ejecución para las que esta ley prevea expresamente pronunciamiento sobre costas, las partes deberán satisfacer los gastos y costas que les correspondan conforme a lo previsto en el artículo 241 de esta ley, sin perjuicio de los reembolsos que procedan tras la decisión del tribunal o, en su caso, del letrado o la letrada de la Administración de Justicia sobre las costas.

Las costas del proceso de ejecución no comprendidas en el párrafo anterior serán a cargo del ejecutado sin necesidad de expresa imposición, pero, hasta su liquidación, el ejecutante deberá satisfacer los gastos y costas que se vayan produciendo, salvo los que correspondan a actuaciones que se realicen a instancia del ejecutado o de otros sujetos, que deberán ser pagados por quien haya solicitado la actuación de que se trate».

En este sentido, es importante hacer referencia al auto de la Audiencia Provincial de Granada n.º 171/2017, de 27 de octubre, ECLI:ES:APGR:2017:1216A, que reza como sigue:

*«Así pues, por lo que respecta a la pretendida extensión del Beneficio Justicia Gratuita a la **exención del pago de las costas de la ejecución**, esta Sala muestra su conformidad con los argumentos del auto desestimatorio apelado. A cuyos razonamientos añadimos que el contenido de tal beneficio contemplado, para la materia que aquí nos concierne, en el art. 6.3 de la LAJG, abarca a la "defensa y representación gratuitas por abogado y procurador en el procedimiento judicial, cuando la intervención de estos profesionales sea legalmente preceptiva o, cuando no siéndolo, sea expresamente requerida por el Juzgado o Tribunal mediante auto motivado para garantizar la igualdad de las partes en el proceso". Siendo tal criterio, el de la "defensa" del beneficio, el que subyace en el reconocimiento legal de la exención del pago de los gastos causados, tanto en su defensa como en la de la parte contraria, cuando resultara condenado en costas. Tal y como, nuevamente, resulta de la propia redacción del citado art. 36.2 del citado texto especial, según el cual, cuando en la resolución que ponga fin al proceso fuera condenado en costas quien hubiera obtenido el reconocimiento del derecho a la asistencia jurídica gratuita o quien lo tuviera legalmente reconocido, "éste quedará obligado a pagar las causadas en su defensa y las de la parte contraria", si dentro de los tres años siguientes a la terminación del proceso viniere a mejor fortuna, quedando mientras tanto interrumpida la prescripción del artículo 1.967 del Código Civil . En clara expresión de que es la oportunidad de la defensa, en todos aquellos trámites en que se considerase precisa, incluida la ejecución, lo que determina la exención aparejada al reconocimiento del beneficio de Justicia Gratuita. Expuesto lo cual, convenimos en que **no existe obstáculo para reconocer la exención de pago de las costas de la contraparte, en los casos de condena al beneficiario subsiguiente a su comparecencia en el procedimiento declarativo**, pues dicha comparecencia, asistida de la preceptiva defensa y representación, se reputa de todo punto necesaria para el mantenimiento de su pretensión. De la misma manera que la exención igualmente se extenderá a las costas del incidente de oposición al despacho de la ejecución, así como a las de*

aquellos otros trámites para los que la LEC prevea expresamente pronunciamiento sobre costas, conforme al art. 539.2 del mismo cuerpo legal; pues en tales casos también la preceptiva asistencia letrada se vincula a la necesidad de "defensa" del beneficiario. No ocurriendo lo mismo con relación a las costas devengadas por la interposición de la demanda ejecutiva y por la intervención en los trámites de ejecución necesarios para la materialización del contenido del título; pues en tales casos el devengo de las costas se deriva directamente del incumplimiento del deudor, sin posibilidad de contradicción por su parte».

CUESTIONES

1. ¿Pueden el abogado y el procurador cobrar las costas directamente cuando estas deriven de su defensa y representación a un beneficiario de justicia gratuita?

El auto del Tribunal Supremo, rec. n.º 187/2018, de 5 de noviembre de 2020, ECLI:ES:TS:2020:9817A, da respuesta a esta cuestión señalando que:

«En efecto, la condena en costas declara un crédito del favorecido con ella, por lo que el pago de las costas judiciales supone una indemnización a favor de la parte vencedora en el pleito por los gastos ocasionados en un procedimiento judicial. El importe de las costas es para la parte que obtuvo a su favor el pronunciamiento de imposición de costas y no como se insiste para los profesionales que representaron y defendieron a dicha parte, pues es ésta, como se ha dicho, la que obtiene, a través del pago de las costas judiciales por la parte vencida en el juicio, una indemnización de los gastos derivados de un proceso. Será por tanto la parte vencedora en el pleito la que reciba el importe de la tasación de costas como indemnización por los gastos derivados del proceso en cuestión". (En el mismo sentido, entre otros muchos, Autos de 25 de diciembre de 2019 (casación 1968/2017), de 10 de diciembre de 2007 (Casación 3630/2005) o de 29 de septiembre de 2005 (Casación 4699/2000). Así lo hemos dicho ya en nuestro Auto de 4 de junio de 2020, que es pertinente repetir por la insistencia en las mismas pretensiones».

2. ¿Qué ocurrirá cuando la parte beneficiada en costas sea titular del derecho de asistencia jurídica gratuita?

Cuando la parte beneficiada en costas sea titular el derecho de asistencia jurídica gratuita, las mismas deberán ser abonadas a las personas profesionales que se hayan designado para su representación y dirección jurídica, que estarán obligadas a devolver las cantidades eventualmente percibidas con cargo a fondos públicos por su intervención en el proceso. A tales efectos, se comunicará por la Oficina judicial a los colegios profesionales correspondientes dicha circunstancia; esto es una novedad introducida por la **LO 1/2025, de 2 de enero**, en el art. 394 de la LEC, en vigor desde el 03/04/2025.

1.
LA CONDENA Y TASACIÓN DE COSTAS EN EL ORDEN CIVIL

La condena en costas en el orden civil

A continuación, veremos la condena en costas que corresponda en el orden civil en función de la fase de las circunstancias procesales en las que se produzca:

- En primera instancia.
- En caso de allanamiento.
- En caso de desistimiento.
- En caso de interponer recurso de apelación contra la condena o la no condena en primera instancia.
- En el recurso de apelación y recurso de casación.

> **A TENER EN CUENTA**. En materia de costas procesales en este orden civil la LO 1/2025, de 2 de enero, ha modificado los artículos 394 y 395 de la LEC, con entrada en vigor el 03/04/2025.

Condena en costas en primera instancia.
Artículo 394 de la LEC

En los procesos declarativos, las costas de la primera instancia se impondrán a la parte que haya visto rechazadas todas sus pretensiones, salvo que el tribunal aprecie —y así lo razone— que el caso presentaba serias dudas de hecho o de derecho.

> **JURISPRUDENCIA**
>
> **Sentencia del Tribunal Constitucional n.º 91/2023, de 11 de septiembre, ECLI:ES:TC:2023:91**
>
> **Asunto: Excepción de serias dudas de hecho o derecho en la condena en costa en materia de cláusulas abusivas**
>
> *«La reciente STJUE de 13 de julio de 2023, asunto C-35/22, parte de la misma perspectiva al declarar que el art. 6.1 de la Directiva 93/13/CEE no se opone a una*

normativa de reparto de costas en caso de allanamiento como la española, "a condición de que el juez nacional competente pueda tener en cuenta la existencia de una jurisprudencia nacional reiterada que declara abusivas cláusulas análogas a aquella y la actitud del referido profesional para concluir que este ha actuado de mala fe y, en su caso, condenarlo consiguientemente a cargar con esas costas". Y afirma a este respecto que "dado el conocimiento que sobre esta materia cabe esperar de las entidades de crédito, conjugado con la posición de inferioridad de los consumidores respecto de tales entidades", conductas consistentes en esperar a que sea el consumidor quien inicie la vía judicial, para allanarse y así evitar la condena en costas "pueden constituir indicios serios de mala fe de dichas entidades" por lo que "es preciso que el juez competente pueda efectuar las comprobaciones necesarias al efecto y, en su caso, extraer las consecuencias que de ellas se deriven" (apartado 37).

e) Por último, de forma específica, la Sala de lo Civil del Tribunal Supremo ha excluido en las SSTS 419/2017, de 4 de julio, y 472/2020, de 17 de septiembre, que, en los litigios sobre cláusulas abusivas en los que la demanda del consumidor resulte estimada, pueda aplicarse la excepción al principio de vencimiento objetivo en materia de costas basada en la existencia de serias dudas de derecho. Como puede observarse, dichas resoluciones —como lo fue la STJUE de 16 de julio de 2020— son anteriores en el tiempo a la resolución judicial de apelación que es impugnada en el presente recurso de amparo.

Para el Tribunal Supremo, el criterio decisivo aplicable en esta materia es el respeto al principio de efectividad del Derecho de la Unión Europea que, a su vez, exige dar cumplimiento a otros dos principios: el de no vinculación de los consumidores a las cláusulas abusivas (art. 6.1 de la Directiva) y el del efecto disuasorio del uso de cláusulas abusivas en los contratos no negociados celebrados con los consumidores (art. 7.1 de la Directiva). Aprecia el tribunal que "si en virtud de la excepción a la regla general del vencimiento por la existencia de serias dudas de hecho o de derecho, el consumidor, pese a vencer en el litigio, tuviera que pagar íntegramente los gastos derivados de su defensa y representación, no se restablecería la situación de hecho y de derecho que se habría dado si no hubiera existido la cláusula abusiva y, por tanto, el consumidor no quedaría indemne pese a contar a su favor con una norma procesal nacional cuya regla general le eximiría de esos gastos. En suma, se produciría un efecto disuasorio inverso, pues no se disuadiría a los bancos de incluir las cláusulas abusivas en los préstamos hipotecarios, sino que se disuadiría a los consumidores de promover litigios por cantidades moderadas". Y concluye destacando que la aplicación de la excepción al principio de vencimiento objetivo por la concurrencia de serias dudas de derecho (art. 394.1 LEC), hace imposible o dificulta en exceso la efectividad del Derecho de la Unión Europea, pues "trae como consecuencia que el consumidor, pese a obtener la declaración de que la cláusula es abusiva y que no queda vinculado a la misma, deba cargar con parte de las costas procesales, concretamente, las causadas a su instancia y las comunes por mitad"».

Para apreciar, a efectos de condena en costas, que el caso era jurídicamente dudoso, se tendrá en cuenta la jurisprudencia recaída en casos similares. Sin embargo, podemos señalar determinados requisitos que deben concurrir para apreciar esta exención; con relación a ellos la *sentencia de la Audiencia Provincial de Tarragona n.º 80/2022, de 10 de febrero, ECLI:ES:APT:2022:203*, ha señalado:

«En cuanto a las "serias dudas de hecho o de derecho" acogidas por el juzgador de Instancia en este caso, que excluyen la expresa imposición de costas a pesar de producirse el vencimiento previsto en el artículo 394, los requisitos para su apreciación son los dos siguientes:

1.º) Que tales dudas sean fundadas, razonables, basadas en una gran dificultad para determinar, precisar o conocer fuera del proceso judicial la realidad de los hechos fundamento de la pretensión deducida, o aun no habiendo dudas sobre los hechos, *los efectos jurídicos de los mismos se presenten dudosos por ser la normativa aplicable susceptible de diversas interpretaciones, o bien en el supuesto de las de derecho, porque exista jurisprudencia contradictoria en casos similares.*

2.º) Ha de concurrir la "seriedad" de la duda, esto es, la importancia de los hechos sobre los que recae la incertidumbre en orden a decidir la razonabilidad de la pretensión. En el mismo sentido citaremos la sentencia de la AP de Murcia de 25 de abril de 2013, que establece: "Es decir la concurrencia de serias dudas de hecho o de derecho en la resolución del caso. Estas dudas de hecho o de derecho exigen la nota o característica de seriedad, es decir que en todo caso, habrán de ser fundadas y de cierta importancia y entidad. Las primeras, hacen referencia a aquellos casos en los que la prueba practicada admita varias interpretaciones y las posiciones que las partes mantengan a partir de ellas, resulten lógicas y razonables. Las segundas, dudas de derecho, surgirían cuando quepan distintas interpretaciones de las normas y conceptos jurídicos implicados, de forma asimismo lógica y razonable".

En definitiva, por tanto, la expresión "serias" que contiene la norma, conlleva la exigencia de que tales dudas sean razonablemente fundadas, graves, importantes y de notable entidad y consideración en atención a la especial complejidad de los hechos controvertidos, lo que excluye las naturales y comprensibles divergencias que han dado lugar al debate jurídico».

No obstante, y como novedad introducida por la *LO 1/2025, de 2 de enero*, en vigor a partir del 3 de abril de 2025, *cuando la participación en un medio de solución de conflictos sea legalmente perceptiva*, o se hubiera acordado, previa conformidad de las partes, por el juez, la jueza o el tribunal o el letrado o letrada de la Administración de Justicia durante el curso del proceso, *no habrá pronunciamiento de costas a favor de aquella parte que hubiera rehusado expresamente o por actos concluyentes*, y sin justa causa, *participar en un medio adecuado de solución de controversias al que hubiese sido efectivamente convocado*.

Si fuere parcial la estimación o desestimación de las pretensiones, cada parte abonará las costas causadas a su instancia y las comunes por mitad, a no ser que hubiere méritos para imponerlas a una de ellas por haber litigado con temeridad. No obstante, a partir del 3 de abril de 2025, con la entrada en vigor de la reforma realizada por la *LO 1/2025, de 2 de enero, si alguna de las partes no hubiera acudido, sin casusa que lo justifique, a un medio adecuado de solución de controversias, cuando fuera legalmente preceptivo* o así lo hubiera acordado el juez, la jueza o el tribunal o el letrado de la Administración de Justicia durante el proceso, *se le podrá condenar al pago de las costas*, en decisión debidamente motivada, *aun cuando la estimación de la demanda sea parcial*.

Cuando, en aplicación de lo dispuesto en el apartado 1 de este artículo 394 de la LEC, se impusieren las costas al litigante vencido, este solo estará obligado a pagar, de la parte que corresponda a los abogados y demás profesionales que no estén sujetos a tarifa o arancel, una cantidad total que no exceda de la tercera parte de la cuantía del proceso, por cada uno de los litigantes que hubieren obtenido tal pronunciamiento; a estos solos efectos, las pretensiones inestimables se valorarán en **24.000 euros**, salvo que, en razón de la complejidad del asunto, el tribunal disponga otra cosa.

A TENER EN CUENTA. Antes de la entrada en vigor, el 03/04/2025, de la reforma realizada por la LO 1/2025, de 2 de enero, las pretensiones inestimables se valorarán en 18.000 euros.

No se aplicará lo antedicho cuando el tribunal declare la temeridad del litigante condenado en costas.

CUESTIONES

1. Si el condenado en costas es titular del derecho de asistencia de jurídica gratuita, ¿qué costas debe abonar?

Para el caso de que el condenado en costas sea titular del derecho de asistencia jurídica gratuita, solo estará obligado a pagar las costas derivadas de la defensa de la parte contraria en los casos expresamente señalados en la Ley 1/1996, de 10 de enero, de asistencia jurídica gratuita, en su art. 36.2 que dispone: *«Cuando en la resolución que ponga fin al proceso fuera condenado en costas quien hubiera obtenido el reconocimiento del derecho a la asistencia jurídica gratuita o quien lo tuviera legalmente reconocido, éste quedará obligado a pagar las causadas en su defensa y las de la parte contraria, si dentro de los tres años siguientes a la terminación del proceso viniere a mejor fortuna, quedando mientras tanto interrumpida la prescripción del artículo 1.967 del Código Civil (...)».*

2. ¿A quién se abonarán las costas cuando la parte beneficiaria en costas sea titular del derecho de asistencia jurídica gratuita?

A partir del 03/04/2025, con la entrada en vigor de la reforma operada por la **LO 1/2025, de 2 de enero**, las mismas deberán ser abonadas a las personas profesionales que se hayan designado para su representación y dirección jurídica, que estarán obligadas a devolver las cantidades eventualmente percibidas con cargo a fondos públicos por su intervención en el proceso. A tales efectos, se comunicará por la Oficina judicial a los colegios profesionales correspondientes dicha circunstancia.

Por otro lado, en caso de que la **parte requerida para iniciar una actividad negociadora previa tendente a evitar el proceso judicial hubiese rehusado intervenir** en la misma, la **parte requirente quedará exenta de la condena en costas, salvo que se aprecie un abuso del servicio público de Justicia;** se trata de una novedad introducida por la **LO 1/2025, de 2 de enero**, en vigor a partir del 03/04/2025.

CUESTIÓN

¿Qué se puede entender como «abuso del servicio público de Justicia»?

La LO 1/2025, de enero, acerca de este concepto señala lo siguiente en su preámbulo:

«Surge así la noción del abuso del servicio público de Justicia, actitud incompatible de todo punto con su sostenibilidad. El abuso del servicio público de justicia se erige como excepción al principio general del principio de vencimiento objetivo en costas, e informador de los criterios para su imposición, al sancionar a aquellas partes que hubieran rehusado injustificadamente acudir a un medio adecuado de solución de controversias, cuando este fuera preceptivo. Del mismo modo, el abuso del servicio público de justicia se une a la conculcación de las reglas de la buena fe procesal como concepto acreedor de la imposición motivada de las sanciones previstas en la mencionada Ley 1/2000, de 7 de enero.

Este abuso puede ejemplificarse, por tanto, en la utilización irresponsable del derecho fundamental de acceso a los tribunales recurriendo injustificadamente a la jurisdicción cuando hubiera sido factible y evidente una solución consensuada de la controversia, como son los litigios de cláusulas abusivas ya resueltos en vía judicial con carácter firme y con idéntico supuesto de hecho y fundamento jurídico, o en los casos en que las pretensiones carezcan notoriamente de toda justificación impactando en la sostenibilidad del sistema, del cual quiere hacerse partícipe a la ciudadanía.

> *Así, si bien este nuevo concepto puede presentar elementos concomitantes con otros existentes como temeridad, el abuso del derecho o la mala fe procesal, los complementa, ofreciendo una dimensión de la Justicia como servicio público al exigir una valoración, por parte de los Tribunales, de la conducta de las partes previa al procedimiento, en la consecución de una solución negociada.*
>
> *Todo ello sin perjuicio de que será indudablemente la jurisprudencia la que irá delimitando los contornos de este nuevo concepto, y sus aspectos diferenciales con respecto a los ya indicados, como ya lo ha hecho a lo largo de muchos años en el análisis de la temeridad o la mala fe procesal».*

En ningún caso se impondrán las costas al Ministerio Fiscal en los procesos en que intervenga como parte.

De la redacción del art. 394 de la LEC se desprende el **criterio del vencimiento** para la **imposición de costas en primera instancia,** salvo cuando se aprecien dudas de hecho o de derecho, dudas que deben ser razonadas y con cierta entidad. En este sentido, se pronuncia el **Tribunal Supremo en su auto, rec. 258/2012, de 5 de junio, ECLI:ES:TS:2012:5952A:** «(...) no basta para excluir la preceptiva condena en costas que existan discrepancias sobre una determinada cuestión, de hecho o de derecho, siendo preciso que aquellas revistan una entidad tal que justifique la exención (...)».

El criterio del vencimiento para la imposición de costas atiende al objetivo de garantizar el principio de tutela judicial efectiva.

El sistema de imposición de costas que se regula en el art. 394 de la LEC se ha complementado por los tribunales con la denominada **doctrina de la** «estimación **sustancial»** de la demanda. Esta doctrina opera cuando en el proceso hay una leve diferencia entre lo que se ha pedido en la demanda y lo que la sentencia ha estimado. Este supuesto se da cuando, por ejemplo, se rechazan peticiones accesorias de intereses, repercusión del IVA u otros conceptos de pequeña entidad. Se entiende en estos casos que la demandas se ha estimado en lo sustancial.

Y ha seguido el proceso de «complementación» del criterio de vencimiento objetivo con la **inclusión de la noción de** «abuso **del servicio público de justicia»** (al que hemos hecho referencia en párrafos anteriores) por la reforma realizada en este artículo por la LO 1/2025, de 2 de enero, como una **excepción** «al **principio general del principio de vencimiento objetivo en costas,** e informador de los criterios para su imposición, al **sancionar a aquellas partes que hubieran rehusado injustificadamente acudir a un medio adecuado de solución de controversias, cuando este fuera preceptivo»,** y es que este nuevo concepto «puede presentar elementos concomitantes con otros existentes como temeridad, el abuso del derecho o la mala fe procesal, **los complementa,** ofreciendo una dimensión de la Justicia como servicio público al exigir una valoración, por parte de los Tribunales, de la conducta de las partes previa al procedimiento, en la consecución de una solución negociada». (Preámbulo de la LO 1/2025, de 2 de enero).

JURISPRUDENCIA

La estimación sustancial de la demanda como criterio de imposición de costas

STS n.º 715/2015, de 14 de diciembre, ECLI:ES:TS:2015:5222

«1.- Nuestro sistema general de imposición de costas recogido en el artículo 394 de la LEC se asienta fundamentalmente en dos principios: el del vencimiento objetivo

y el de la distribución, también llamado compensación —aunque no es estrictamente tal—, que tiene carácter complementario para integrar el sistema. El sistema se completa mediante dos pautas limitativas. La primera afecta al principio del vencimiento, y consiste en la posibilidad de excluir la condena cuando concurran circunstancias excepcionales que justifiquen su no imposición (lo que en régimen del artículo 394 de la LEC tiene lugar cuando el caso presente serias dudas de hecho o de derecho). Su acogimiento transforma el sistema del vencimiento puro en vencimiento atenuado. La segunda pauta afecta al principio de la distribución, permitiendo que se impongan las costas a una de las partes cuando hubiese méritos para imponerlas por haber litigado con temeridad. Por otro lado, la doctrina de los tribunales, con evidente inspiración en la ratio del precepto relativo al vencimiento, en la equidad, como regla de ponderación a observar en la aplicación de las normas del ordenamiento jurídico, y en poderosas razones prácticas, complementa el sistema con la denominada doctrina de la "estimación sustancial" de la demanda, que si en teoría se podría sintetizar en la existencia de un "cuasi-vencimiento", por operar únicamente cuando hay una leve diferencia entre lo pedido y lo obtenido, en la práctica es de especial utilidad en los supuestos en que se ejerciten acciones resarcitorias de daños y perjuicios en los que la fijación del quantum es de difícil concreción y gran relatividad, de modo que, por razón de la misma, resulte oportuno un cálculo a priori ponderado y aproximado, con lo que se evitan oposiciones razonables por ser desproporcionadas las peticiones efectuadas y, además, se centra la reclamación en relación al valor del momento en que se formula, dejando la previsión de la actualización respecto del momento de su efectividad, a la operatividad de la modalidad que se elija de las varias que en la práctica son posibles (SSTS 9 de junio de 2006 y 15 de junio de 2007).

2.- El carácter sustancial de la estimación de la demanda ha sido apreciado por esta Sala en diversas resoluciones para justificar la imposición de costas a aquel contra el que la pretensión se ha estimado en sus aspectos más importantes cualitativa o cuantitativamente.

Como declara la sentencia de esta Sala de 18 de junio de 2008, recurso núm. 339/2001, y reitera la de 18 de julio de 2013, "esta Sala en anteriores ocasiones ha estimado procedente la imposición de costas en casos de estimación sustancial de la demanda. Así, entre otras, en las sentencias de 17 de julio de 2003, 24 de enero y 26 de abril de 2005, y 6 de junio de 2006. Como se reconoce en la sentencia de 14 de marzo de 2003, esta Sala ha mantenido, a los efectos de la imposición de costas, la equiparación de la estimación sustancial a la total"».

Estimación sustancial, no literal, a efectos de imposición de costas: los aspectos accesorios no cuentan

STS n.º 733/2018, de 21 de diciembre, ECLI:ES:TS:2018:4356

«(...) Como recuerda la sentencia 715/2015, de 14 de diciembre, con cita de otras muchas, para la aplicación del principio general del vencimiento ha de considerarse que el ajuste del fallo a lo pedido no ha de ser literal sino sustancial, de modo que, si se entendiera que la desviación en aspectos meramente accesorios deberían excluir la condena en costas, ello sería contrario a la equidad, como justicia del caso concreto, al determinar que tuvo necesidad de pagar una parte de las costas quien se vio obligado a seguir un proceso para ver realizado su derecho (...)».

STS n.º 67/2019, de 31 de enero, ECLI:ES:TS:2019:161

«(...) la confirmación de la sentencia de primera instancia en su integridad incluye la condena en costas de la primera instancia a la parte demandada, conforme al artículo 394.1 LEC, dado que la diferencia en cuanto a la fecha de devengo de los intereses no altera la estimación sustancial de la demanda, y al criterio jurisprudencial fijado por esta sala a partir de la sentencia de pleno 419/2017, de 4 de julio».

Rechazo de estimación sustancial a efectos de imposición de costas: casuística

El Tribunal Supremo no ha apreciado estimación sustancial de la demanda en casos en los que, a pesar del carácter accesorio de la pretensión resarcitoria, este no se daba desde la perspectiva económica del proceso.

STS n.º 871/2003, de 29 de septiembre, ECLI:ES:TS:2003:5771

«(...) No cabe argüir que la desestimación se refiere a aspectos accesorios, porque, aunque la pretensión resarcitoria tenga tal carácter en la perspectiva de la acumulación (accesoria, subordinada o condicionada), obviamente no lo tiene en la perspectiva económica del proceso (y así lo entiende la propia parte como se puede apreciar en el motivo 18.º en el fundamento siguiente), y por otra parte tampoco cabe aceptar que la desestimación afecta a una parte mínima, —en orden a una hipotética aplicación de la doctrina de la "estimación sustancial"—, porque la sustancialidad de la parte desestimada no debe medirse en relación, sólo, con la totalidad de lo pedido, sino sobre todo con la importancia de lo no estimado».

STS n.º 553/2005, de 7 de julio, ECLI:ES:TS:2005:4582

«Esta Sala no puede compartir el criterio sustentado por el Tribunal de instancia; si bien en algunas sentencias esta Sala ha aplicado el criterio de equiparar a efectos de costas la estimación sustancial a la total, no cabe deducir de ello una doctrina general, singularmente en un caso como el presente en que se rechaza, por falta de prueba, la indemnización por daños morales, uno de los elementos integrantes del suplico de la demanda con carácter principal, no accesorio. En consecuencia, la sentencia recurrida infringe el art. 523, al aplicar el párrafo primero, en un caso de estimación parcial de la demanda y sin que existan méritos que justifiquen la imposición a una de las partes por haber litigado con temeridad; en este sentido, se estima el motivo».

Condena en costas en caso de allanamiento. Artículo 395 de la LEC

Si el demandado se allanare a la demanda antes de contestarla, no procederá la imposición de costas salvo que el tribunal, razonándolo debidamente, aprecie mala fe en su conducta o abuso del servicio público de Justicia. (Esto último es una novedad de la modificación del art. 395 de la LEC por la LO 1/2025, de 2 enero, con entrada en vigor el 03/04/2025).

Se entenderá que existe mala fe a estos efectos cuando, antes de presentada la demanda, se hubiese requerido al demandado para el cumplimiento de la obligación de forma fehaciente y justificada, o cuando hubiese rechazado el acuerdo ofrecido o la participación en un medio adecuado de solución de controversias. (Novedad de la LO 1/2025, de 2 de enero).

Si el allanamiento se produjere tras la contestación a la demanda, se aplicará el apartado 1 del art. 394 de la LEC (criterio de vencimiento).

Asimismo, la **LO 1/2025, de 2 de enero**, en vigor a partir del 03/04/2025, añade un tercer párrafo al art. 395 de la LEC, que establece, para los casos **en los que la parte demandada no hubiere acudido, sin causa que lo justifique, a un medio adecuado de solución de controversias, cuando fuera legalmente preceptivo** o así lo hubiera acordado el juez, la jueza o el tribunal o el letrado o la letrada de la Administración de Justicia durante el proceso y luego se allanare a la demanda, **se le condenará en costas, salvo que** el tribunal, en decisión debidamente motivada, aprecie circunstancias excepcionales para no imponérselas.

La previsión recogida este artículo tiene como finalidad fomentar la solución extrajudicial de los conflictos. De esta forma se incentiva al potencial demandante a buscar una solución sin acudir a los tribunales. En este sentido se ha pronunciado el Tribunal Supremo en la **sentencia n.° 762/2023, de 18 de mayo, ECLI:ES:TS:2023:2209**:

> «Por tanto, siendo de aplicación en cuanto a costas el artículo 395 LEC, debemos recordar, que como hemos dicho en nuestras sentencias 131/2021, de 9 de marzo, y 620/2021 de 22 de septiembre, una de las finalidades del artículo 395 LEC es fomentar la solución extrajudicial a los conflictos. Se incentiva al potencial demandante a buscar una solución sin acudir a los tribunales, de modo que cuando ha intentado solucionar extrajudicialmente el conflicto antes de interponer la demanda, y no ha obtenido una respuesta satisfactoria a su pretensión, si aquel con quien mantiene el conflicto se allana a la demanda, se considerará que este ha actuado de mala fe y se le impondrán las costas».

La excepción a la no imposición de costas es que el tribunal, razonándolo debidamente, aprecie mala fe (o abuso del servicio público de justicia; a partir del 03/04/2025) en el demandado. La Audiencia Provincial de Cáceres en su sentencia n.° 600/2019, de 31 de octubre, ECLI:ES:APCC:2019:867, y en la **sentencia n.° 141/2023, de 9 de marzo, ECLI:ES:APCC:2023:195**, dispone lo siguiente:

> «La novedad introducida por el legislador en la LEC. 1/2000, reside en la concreción de dos casos en los que siempre se debe considerar que existe mala fe: 1.°) Cuando haya habido requerimiento fehaciente y justificado de pago anterior a la demanda; y 2.°) Cuando se haya presentado contra el demandado previa demanda de conciliación.
>
> En estos dos supuestos el Tribunal está legalmente obligado a declarar la mala fe y, en consecuencia a imponer las costas al demandado, si bien, ello no significa que no puedan darse otros casos similares en los que también puede el Tribunal considerar que existe mala fe, en función de las circunstancias concretas que concurran, pues insistimos, los dos supuestos previstos en dicho precepto no son numerus clausus, como se desprende del término "en todo caso" que utiliza, que cuando concurran obligan a los tribunales a apreciar la mala fe, pero pueden concurrir otros supuestos distintos, en los que según la singularidad del caso el tribunal pueda apreciar mala fe a los efectos de las costas».

Condena en costas cuando el proceso termine por desistimiento. Artículo 396 de la LEC

Si el proceso terminara por desistimiento del actor que no haya de ser consentido por el demandado, aquel será condenado a todas las costas.

Si el desistimiento que pusiere fin al proceso fuere consentido por el demandado o demandados, no se condenará en costas a ninguno de los litigantes.

Apelación en materia de costas. Artículo 397 de la LEC

Para resolver en segunda instancia el recurso de apelación en el que se impugne la condena o la falta de condena en las costas de la primera instancia será de aplicación lo dispuesto en el art. 394 de la LEC.

Al respecto, aclara la **sentencia del Tribunal Supremo n.° 348/2021, de 20 de mayo, ECLI:ES:TS:2021:2120**, en los siguientes términos: *«(...) en el art. 397 LEC, de modo que la LEC 1/2000, de 7 de enero, ha optado porque la función de unificación que corresponde a los órganos jurisdiccionales no vaya más allá del ámbito de cada Audiencia Provincial, a través de las resoluciones que dicten en grado de apelación; asimismo esa expresa referencia al recurso de apelación en materia de costas, sin mención del recurso extraordinario patentiza que sólo se contempla el devolutivo ordinario. Criterio el expuesto que constituye doctrina reiterada de esta Sala».*

Condena en costas en apelación y recurso de casación. Artículo 398 de la LEC

En caso de recurso de apelación, en cuanto a las costas del recurso, se aplicará lo dispuesto en el art. 394 de la LEC.

La desestimación total del recurso de casación llevará aparejada la imposición de costas a la parte recurrente, salvo que la sala aprecie circunstancias especiales que justifiquen otro pronunciamiento.

Cuando el recurso de casación fuera estimado total o parcialmente, no se impondrán las costas a ninguna de las partes.

A TENER EN CUENTA. Este art. 398 de la LEC fue modificado por el Real Decreto-ley 6/2023, de 19 de diciembre, con entrada en vigor el 20 de marzo de 2024, quedando con el régimen que acaba de exponerse.

CUESTIÓN

Si el recurrente desiste del recurso de casación por desaparición sobrevenida del interés casacional, ¿se le condenará en costas?

No, sobre este asunto se ha pronunciado el Tribunal Supremo en el auto, rec. 4355/2021, de 6 de febrero de 2024, ECLI:ES:TS:2024:1340A, en el que establece:

«Esta sala ha reiterado en numerosas resoluciones que el desistimiento en un recurso extraordinario comporta la condena en costas para la parte que lo interpuso, ya que crea una situación que equivale a su desestimación (AATS de 15 de junio de 2016, rec. 1923/2013, y 29 de junio de 2016, rec. 1471/2015). Y que resulta aplicable, en tal caso, el art. 398.1 LEC, que remite al art. 394 LEC. Todo ello al margen de que, si no ha existido actuación procesal alguna de la contraparte, no se practique la posterior tasación de costas (entre otros, autos de 4 de noviembre de 2015, rec. 2400/2014, y 13 de julio de 2016, rec. 1466/2015).

No obstante, en atención al carácter no preceptivo de la imposición de costas en la regulación del desistimiento por el art. 450 LEC, es también reiterado el criterio de no hacer pronunciamiento alguno sobre costas cuando haya conformidad de las partes sobre su no imposición (en este sentido, autos de 4 de marzo de 2015, rec. 191/2014,

24 de septiembre de 2013, rec. 2732/2012, 9 de octubre de 2012, rec. 2178/2009, y 14 de septiembre de 2010, rec. 977/2009).

Y también como excepción, en ocasiones, esta sala ha tenido en cuenta el carácter sobrevenido de la desaparición del interés casacional para decidir la no imposición de costas al recurrente desistido (así, autos de 20 de mayo de 2015, rec. 1269/2014, 17 de febrero de 2016 rec. 3267/2012 y 24 de febrero de 2016, rec. 3357/2012). Si bien, como declaramos en el auto de 15 de junio de 2016 (rec. 1923/2013), "la no condena en costas en estos supuestos pasa porque se produzca una auténtica situación de desaparición sobrevenida del interés casacional, esto es, que la cuestión controvertida quede definitivamente resuelta en un momento posterior, de forma que la parte recurrente no haya dispuesto de la oportunidad de desistir y apartarse del recurso antes, para no ocasionar gastos a la parte contraria"».

1.1. Plazo

Plazo para solicitar la tasación de costas en el orden civil

El plazo que debe aplicarse para la solicitud de la tasación de costas es el de 5 años que el art. 518 de la LEC fija para la caducidad de la acción ejecutiva fundada en sentencia judicial, resolución arbitral o acuerdo de mediación. Ha sido la jurisprudencia la que ha determinado la aplicación de este plazo de caducidad, así el Tribunal Supremo fija en el **auto, rec. 2674/2001, de 1 de junio de 2010, ECLI:ES:TS:2010:7529A:**

«Formulada la impugnación en tales términos y reconociendo la discrepancia existente tanto en la doctrina como en la jurisprudencia de las Audiencias, cabe decir que, si bien con anterioridad a la entrada en vigor de la actual Ley de Enjuiciamiento Civil el plazo de prescripción de la acción para reclamar la cantidad correspondiente era el previsto en el art. 1964 CC, de quince años (STS de 9 de febrero de 1998, recurso nº 1671/1990) al entender que se pretendía el cumplimiento de una obligación personal, posteriormente, en coherencia con el espíritu de la Ley de Enjuiciamiento Civil de 2000, se entiende aplicable a la solicitud de tasación de costas el plazo de caducidad de cinco años previsto en el art. 518 de la LEC para las acciones ejecutivas al considerarla como acto preparatorio de la ejecución. En este sentido, el hecho de estar incluida la condena a su pago en la resolución definitiva, la convierte en un aspecto más al que se extiende la acción ejecutiva que dimana de aquella resolución, sujeta, en consecuencia, al plazo establecido en dicho precepto. Y es que la petición de tasación de las costas implica, en definitiva, la pretensión de cobro de una deuda establecida en una sentencia, cuyo titular es la parte vencedora y no el abogado ni el procurador actuantes, por ello, tras la entrada en vigor de la Ley de Enjuiciamiento Civil 1/2000, deberá aplicarse el plazo legal para el ejercicio de las acciones ejecutivas de cinco años (art. 518 LEC) . Esta doctrina se ha recogido en el reciente Auto de fecha 23 de febrero de 2010, en recurso núm. 3398/1998».

Asimismo, **una vez ya se hayan tasado las costas, habrá un plazo caducidad de 5 años para que se despache ejecución** del decreto del letrado de la Administración de Justicia mediante el que se tasan las costas. Así lo ha determinado la **sentencia del Tribunal Supremo n.º 1683/2023, de 29 de noviembre, ECLI:ES:TS:2023:5200**

> «Posteriormente, la jurisprudencia tuvo que pronunciarse sobre el nuevo escenario jurídico instaurado por la entrada en vigor del art. 518 LEC 1/2000, precisando dos cosas: primero, que la solicitud de la tasación de costas está sometida al plazo de caducidad de cinco años del art. 518 LEC; y segundo que, una vez realizada la tasación instada dentro de dicho plazo, y determinada la cantidad líquida a que ascienden dichas costas, nace otro plazo de caducidad de cinco años para hacer efectivo el crédito cuantificado por tal concepto.
>
> En este sentido, podemos citar el auto de 11 de septiembre de 2012 (recurso 2236/2002), que, con cita del acuerdo del pleno gubernativo de 21 de julio de julio de 2009 y de otras resoluciones anteriores, explicó que:
>
> "Según se ha declarado por esta Sala (AATS de 23 de febrero de 2010, RC n.º 3398/1998, 1 de junio de 2010, RC n.º 2674/2001, 11 de noviembre de 2011, RC n.º 1948/1998), con anterioridad al Acuerdo de Pleno gubernativo de esta Sala 1.ª, de 21 de julio de 2009, no había un criterio pacífico, y en algunas resoluciones se mantuvo la aplicación del plazo de prescripción de quince años para la solicitud de tasación de costas, pero en dicho Pleno se estableció: "Se acuerda en este punto, aplicar a la solicitud de tasación de costas, en coherencia con el espíritu de la Ley de Enjuiciamiento Civil de 2000, el plazo de caducidad previsto en el artículo 518 LEC, entendiéndola como acto preparatorio de la ejecución, ya que completa el título de crédito -sentencia- y crea el de ejecución -auto liquidando costas-. Además, una vez tasadas las costas y firme el auto, la parte dispondrá de un nuevo plazo de cinco años para ejecutar tal tasación, con lo que se mantiene el carácter privilegiado del que goza la condena en costas"».

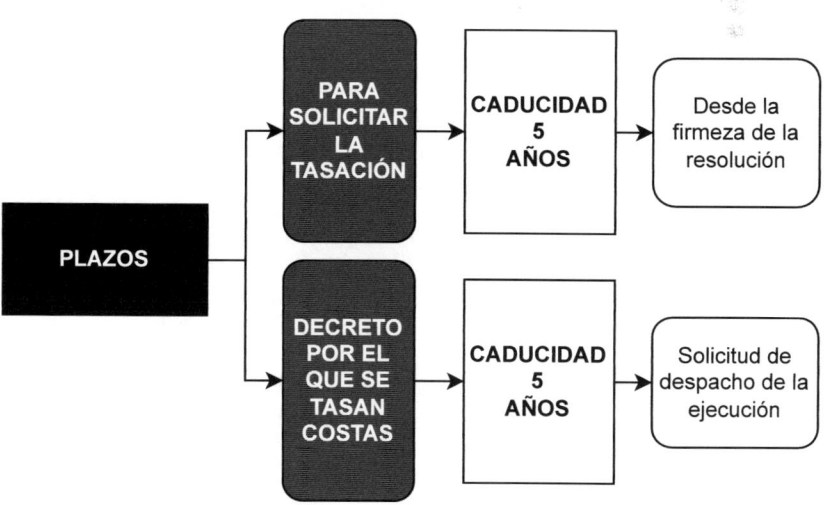

1.2. Cuantía del procedimiento

¿Qué importancia tiene la cuantía del procedimiento en la tasación de costas?

La cuantía del procedimiento es **esencial** a la hora de ejecutar la tasación de costas, pues la misma es la base de cálculo para determinar la tasación de costas. Y es que el apartado 3 del art. 394 de la LEC establece:

«3. Cuando, en aplicación de lo dispuesto en el apartado 1, se impusieren las costas al litigante vencido, éste sólo estará obligado a pagar, de la parte que corresponda a los abogados y demás profesionales que no estén sujetos a tarifa o arancel, una cantidad total que no exceda de la tercera parte de la cuantía del proceso, por cada uno de los litigantes que hubieren obtenido tal pronunciamiento; a estos solos efectos, las pretensiones inestimables se valorarán en 24.000 euros, salvo que, en razón de la complejidad del asunto, el tribunal disponga otra cosa.

No se aplicará lo dispuesto en el párrafo anterior cuando el tribunal declare la temeridad del litigante condenado en costas.

Cuando el condenado en costas sea titular del derecho de asistencia jurídica gratuita, éste únicamente estará obligado a pagar las costas causadas en defensa de la parte contraria en los casos expresamente señalados en la Ley 1/1996, de 10 de enero, de Asistencia Jurídica Gratuita. Cuando la parte beneficiada en costas sea titular del derecho de asistencia jurídica gratuita, las mismas deberán ser abonadas a las personas profesionales que se hayan designado para su representación y dirección jurídica, que estarán obligadas a devolver las cantidades eventualmente percibidas con cargo a fondos públicos por su intervención en el proceso. A tales efectos, se comunicará por la Oficina judicial a los colegios profesionales correspondientes dicha circunstancia».

A TENER EN CUENTA. Antes de la entrada en vigor, el 03/04/2025, de la LO 1/2025, de 2 de enero, las pretensiones inestimables se valorarán en 18.000 euros. Asimismo, se añade el último párrafo al citado art. 394.3 de la LEC.

La cuantía del procedimiento ha de determinarse en la demanda, y si el demandado no está de acuerdo con la misma, deberá de indicarlo en el escrito de contestación y en la audiencia previa, ya que en la impugnación de la tasación de costas no podremos impugnar la cuantía del procedimiento.

RESOLUCIÓN RELEVANTE

Auto del Tribunal Supremo, rec. 1887/2010, de 15 de abril de 2015, ECLI:ES:TS:2015:2741A

«En cuanto a la cuantía, el incidente de impugnación de la tasación de costas no tiene por objeto fijar la cuantía del pleito, su misión es la de ser un cauce de liquida-

ción de cantidades ilíquidas, en el que no pueden alterarse las bases de cálculo —la cuantía— que pertenecen a una fase del proceso definitivamente cerrada.

En nuestro caso, según se deduce de los documentos aportados, la cuantía de la demanda fue fijada por la parte demandante, ahora recurrente, en 2.020.240,24 euros, y no consta ni se alega que fuera impugnada, de manera que no pueda admitirse la pretensión de la parte recurrente de que se tome como base otra cuantía en función de valoraciones extemporáneas más o menos interesadas, sin perjuicio de que el interés económico del recurso extraordinario, no coincida, en este y en la mayoría de los casos, con la cuantía inicialmente fijada, eso no significa que esto nos lleve a la alteración de la cuantía del procedimiento, fijada, o a una fijación de cuantía del recurso de casación, a los solos efectos de la tasación de costas, pues no es en el incidente de impugnación de costas, donde cabe su modificación o fijación».

La cuantía del procedimiento, por tanto, no se puede alterar en el incidente de tasación de costas ni tampoco fijar en el mismo una cuantía diferente a la fijada en la demanda.

CUESTIÓN

En caso de impugnación de la tasación de costas, ¿por qué cauce impugnaremos los aspectos relativos a la cuantía del procedimiento en caso de no estar de acuerdo con la misma?

Siempre por el cauce de costas excesivas, no por indebidas. El *auto del Tribunal Supremo, rec. 2443/2012, de 2 de septiembre de 2014, ECLI:ES:TS:2014:7060A*, reza como sigue:

«Sentado lo anterior, hay que decir que esta Sala ha declarado en infinidad de ocasiones que los problemas de cuantía litigiosa pertenecen al ámbito de las impugnaciones por excesivos, y no a las impugnaciones por indebidos (AATS 10 de mayo de 2011 RC 2758/2003, y 9 de julio de 2013 RC 1461/2008, entre otros muchos); La impugnación de los derechos de Procurador se funda en el hecho de no ser aceptable la cuantía base de la tasación porque el pleito se ha seguido por la cuantía de 12.367,30 euros.

La impugnación por este motivo debe ser desestimada, aunque la cuantía se fije en 12.367,30 euros, porque según reiterada doctrina de esta Sala, los problemas de cuantía litigiosa pertenecen al ámbito de las impugnaciones por excesivas, no por indebidas, ya que apenas cabe cuestionar que, condenada en costas la parte hoy impugnante, son debidos los derechos del procurador de la parte contraria cualquiera que sea su importe (AATS 25-11-2009 26-12-08, STS 25-7-08). La cuantía en ningún caso determina el carácter indebido de tales derechos, sino en su caso la consideración de excesivos cuya impugnación únicamente ha previsto el legislador para los casos de honorarios de abogados, peritos o profesionales no sujetos a arancel. En el caso de la aplicación del arancel es el Secretario Judicial quien ha de determinar la cuantía de los derechos devengados. De modo que en el caso de los Procuradores —cuyos derechos se determinan en tal forma— solo cabe la impugnación por indebidos, según lo dispuesto en el artículo 245.2 de la Ley de Enjuiciamiento Civil, cuando se hayan incluido en la tasación partidas, derechos o gastos que no son debidos en su totalidad.

CUARTO.- En relación a la impugnación de la tasación de costas, en cuanto al Letrado, por excesivas, debe recordarse que esta Sala ya se ha pronunciado en otras ocasiones (Autos de 19/05/2009 y 16/06/2009, entre otros) diciendo que la condena en costas va dirigida a resarcir al vencedor de los gastos originados directa e inmediatamente en el pleito entre los que se incluyen los honorarios del letrado, teniendo en cuenta que no se trata de fijar los honorarios derivados de los servicios del letrado minutante respecto de su cliente que libremente le eligió, sino de cuantificar un crédito derivado de la aplicación de un principio procesal de vencimiento objetivo».

Caso distinto es que se haya aplicado de forma incorrecta la base consti-
tuida por la cuantía litigiosa. En este sentido, el **auto del Tribunal Supremo,
rec. 1699/2010, de 28 de octubre de 2015, ECLI:ES:TS:2015:8801A**, establece lo siguiente:

> «Si bien el procedimiento de impugnación de tasación de costas esta-
> blecido en los artículos 245 y 246 de la Ley de Enjuiciamiento Civil tiene un
> objeto preciso y determinado en el que no encaja la revisión de la cuantía
> litigiosa tenida en cuenta para la práctica de la tasación de costas, ello
> no impide que pueda solicitarse la revisión de la tasación cuando de for-
> ma notoria, grave y manifiesta haya sido aplicada incorrectamente la base
> constituida por la cuantía litigiosa».

1.3. La tasación de costas

Procedimiento de tasación de costas: solicitud, aprobación e impugnación

Como norma general, de acuerdo con el apartado 1 del artículo 243 de la
LEC, en todo tipo de pronunciamientos e instancias, la tasación de costas se
practicará por:

1. **El letrado de la Administración de Justicia** que hubiere conocido del
proceso o recurso.

2. **El letrado de la Administración de Justicia** encargado de la ejecución.

A continuación, en el siguiente esquema se muestra qué conceptos no
estarán incluidos en la tasación:

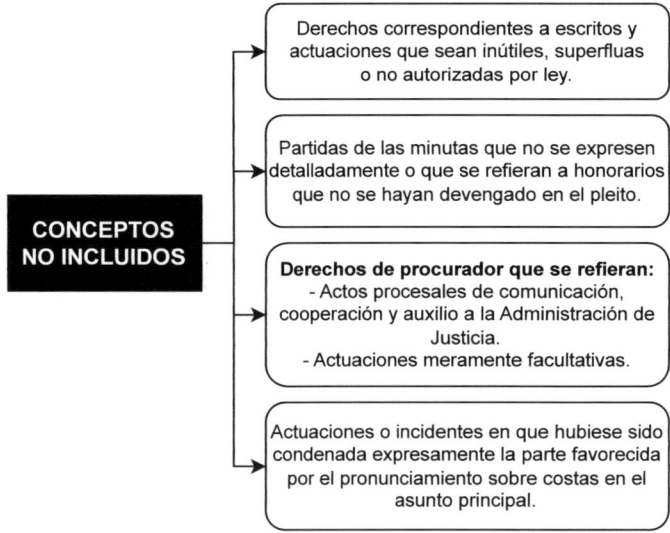

CONCEPTOS NO INCLUIDOS

Derechos correspondientes a escritos y actuaciones que sean inútiles, superfluas o no autorizadas por ley.

Partidas de las minutas que no se expresen detalladamente o que se refieran a honorarios que no se hayan devengado en el pleito.

Derechos de procurador que se refieran:
- Actos procesales de comunicación, cooperación y auxilio a la Administración de Justicia.
- Actuaciones meramente facultativas.

Actuaciones o incidentes en que hubiese sido condenada expresamente la parte favorecida por el pronunciamiento sobre costas en el asunto principal.

|| ¿Cómo se llevará a cabo la solicitud de costas?

Cuando hubiere condena en costas, luego que sea firme, se procederá a la exacción de las mismas por el procedimiento de apremio, previa su tasación, si la parte condenada no las hubiere satisfecho antes de que la contraria solicite dicha tasación.

Con la solicitud de la tasación debe presentarse, por la parte que pida la misma, los justificantes de haber satisfecho las cantidades cuyo reembolso reclame.

Una vez firme la resolución en que se hubiese impuesto la condena, los procuradores, abogados, peritos y demás personas que hayan intervenido en el juicio y que tengan algún crédito contra las partes que deba ser incluido en la tasación de costas podrán presentar ante la oficina judicial minuta detallada de sus derechos u honorarios y cuenta detallada y justificada de los gastos que hubieren suplido.

> **CUESTIÓN**
>
> En un recurso en el que es obligatoria la intervención de abogado y procurador, el abogado fallece estando el procedimiento pendiente de sentencia. El recurso es estimado y se condena en costas a la demandada. El recurrente, tras la notificación del fallo, nombra a un nuevo abogado, quien presenta escrito de tasación de costas, aportando minuta detallada conforme al artículo 242.3 de la LEC. El LAJ rechaza este escrito del nuevo abogado porque no ha intervenido en el procedimiento y no tiene derecho, por tanto, a solicitar la tasación de costas. ¿Es esto correcto?
>
> No, las costas son siempre un derecho de la parte procesal beneficiaria de dichas costas, con independencia del abogado que la solicite.

Los derechos que correspondan a los funcionarios, procuradores y profesionales se regularán con sujeción a los aranceles a los que estén sujetos.

Los abogados, peritos y demás profesionales y funcionarios que no estén sujetos a arancel fijarán sus honorarios con sujeción, en su caso, a las normas reguladoras de su estatuto profesional.

El crédito de la tasación de costas pertenece al cliente.

> **CUESTIÓN**
>
> Si en la tasación de costas se aporta una minuta de un abogado que no es el mismo que ha participado el procedimiento, por haber causado baja en el ejercicio de la abogacía, ¿se podrán impugnar los honorarios?
>
> No, no se podrán impugnar porque el crédito de costas es del cliente, independientemente del abogado que solicite la tasación de costas.

|| Aprobación de la tasación de costas

Una vez practicada la tasación de costas por el letrado de la Administración de Justicia, se dará traslado de ella a las partes por un **plazo de 10 días** (art. 244 de la LEC).

> **A TENER EN CUENTA**. Una vez acordado el traslado de la tasación de costas, no se podrá incluir ninguna otra partida.

La tasación de costas podrá ser impugnada en un **plazo de 10 días**. De haber transcurrido dicho plazo sin que la tasación de cosas sea impugnada, el letrado de la Administración de Justicia la aprobará mediante decreto.

La **LO 1/2025, de 2 de enero**, que entra en vigor el 03/04/2025, añade, además de que la tasación no sea impugnada, **que no se haya solicitado la exoneración o reducción** de acuerdo con lo dispuesto en el apartado 5 del artículo 245 de la LEC, que también es una novedad introducida por la citada ley orgánica y, que reza como sigue:

> «5. Sin perjuicio de lo dispuesto en los apartados anteriores y en el mismo plazo, la parte condenada al pago de las costas podrá solicitar la exoneración de su pago o la moderación de su cuantía cuando hubiera formulado una propuesta a la parte contraria en cualquiera de los medios adecuados de solución de controversias al que hubieran acudido, la misma no hubiera sido aceptada por la parte requerida y la resolución judicial que ponga término al procedimiento sea sustancialmente coincidente con el contenido de dicha propuesta.
>
> Las mismas consecuencias tendrá el rechazo injustificado de la propuesta que hubiese formulado el tercero neutral, cuando la sentencia recaída en el proceso sea sustancialmente coincidente con la citada propuesta.
>
> A la solicitud de exoneración o modificación deberá acompañar la documentación íntegra referida a la propuesta formulada, que en este momento procesal y a estos efectos, estará dispensada de confidencialidad. De no acompañarse dicha documentación, el Letrado de la Administración de Justicia, mediante decreto, inadmitirá a trámite la solicitud. Frente a este decreto cabrá interponer recurso de revisión».

Contra este decreto cabe recurso directo de revisión, pero contra el auto resolviendo el recurso de revisión **no cabrá recurso alguno**.

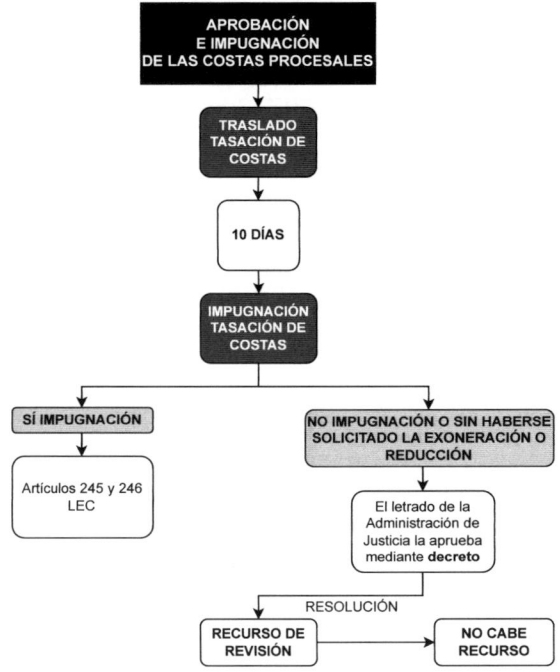

1.4. Impugnación de costas y solicitud de exoneración o moderación

Impugnación de la tasación de costas

> **A TENER EN CUENTA.** Los artículos 245 y 246 de la LEC han sido modificados por la LO 1/2025, de 2 de enero, con entrada en vigor el 03/04/2025.

La impugnación de costas podrá basarse en que (art. 245 de la LEC):

- Se han incluido en las partidas, derechos o gastos indebidos.
- En cuanto a los honorarios de abogados, peritos o profesionales sujetos a arancel, cuando el importe de los mismos es excesivo.
- No se incluyeron gastos debidamente justificados y reclamados.
- No se ha incluido la totalidad de la minuta del abogado, perito, profesional o funcionario no sujeto a arancel que hubiese actuado a instancia de la parte favorecida por la condena en costas, o no haber incluido los derechos del procurador.

En el escrito de impugnación habrán de mencionarse las cuentas o minutas y las partidas concretas a que se refiera la discrepancia y las razones de esta. En caso de que en el escrito no se haga tal mención, el/la letrado/a de la Administración de Justicia mediante decreto inadmitirá la impugnación y contra este únicamente se podrá interponer recurso de revisión.

Tramitación y decisión de la impugnación de la tasación de costas

Si la impugnación de la tasación se realizara por considerar **excesivos los honorarios de los abogados o las abogadas**, en el plazo de 5 días se oirá al abogado/a y si este/a no aceptara la reducción de honorarios que se le reclame, se pasará testimonio de los autos, o la parte de ellos que resulte necesaria, al colegio de abogados correspondiente para que emita informe. No será necesario en el ámbito del artículo 438 bis de la LEC (procedimiento testigo) cuando ya se haya emitido informe previamente, salvo que resulte justificado por la concurrencia de circunstancias diversas de las tenidas en cuenta por el colegio de abogados para la elaboración del informe previo.

Lo establecido anteriormente se aplicará para los honorarios de peritos, en cuyo caso el dictamen se solicitará al colegio, asociación o corporación profesional a que pertenezcan.

Una vez el letrado de la Administración de Justicia haya analizado los dictámenes emitidos, dictará decreto manteniendo la tasación o introduciendo las modificaciones que crea oportunas.

CUESTIÓN

Si la impugnación de la tasación de costas por excesivas fuera totalmente desestimada o total o parcialmente estimada, ¿a quién se impondrán las costas?

Tal y como recoge el art. 246 de la LEC (en su versión aplicable a partir del 03/04/2025) cuando la impugnación —referida al apartado 1— sea *totalmente desestimada*, se impondrán las costas del incidente *al impugnante si hubiera obrado con abuso del servicio público de Justicia, o al profesional que impugnó la tasación para que se incluyeran gastos que consideraba debidamente justificados o reclamados*. Si fuere *total o parcialmente estimada*, se impondrán, también en el caso de que *hubiera obrado con abuso del servicio público de Justicia*, al *perito o la parte a la que defienda el abogado o abogada* cuyos honorarios se hubieran considerado excesivos o indebidos.

Contra dichos decretos cabe recurso de revisión, y contra el auto resolviendo el recurso de revisión no cabe recurso alguno.

Esto conlleva una novedad respecto a la regulación aplicable hasta el 3 de abril de 2025, explicada así por el preámbulo de la LO 1/2025, de 2 de enero: «Así, se suprime la condena en costas en el incidente de impugnación de la tasación de costas por excesivas salvo en los casos de abuso del servicio público de Justicia. En muchas ocasiones, los criterios del colegio profesional correspondiente no son seguidos por los Juzgados o Audiencias Provinciales. Por ello, dada la casuística a la hora de interpretar los criterios de honorarios y la complejidad de algunos asuntos, parece lógico que, tratándose de una cuestión no reglada, no se impongan costas salvo que se aprecie el abuso antes dicho. De esta forma se evitará la práctica de multitud de tasaciones de costas por los incidentes de impugnación de las costas principales».

Si la impugnación se realiza por haberse incluido partidas de derechos u honorarios indebidas, o por no haberse incluido gastos debidamente justificados y reclamados, el/la letrado/a de la Administración de Justicia dará traslado a la otra parte por el plazo de 3 días para que se pronuncie sobre la inclusión o exclusión de las partidas reclamadas.

El/La LAJ resolverá en los 3 días siguientes mediante decreto, contra el que únicamente cabrá recurso directo de revisión y contra el auto que resuelva sobre dicho recurso, no cabrá recurso alguno.

CUESTIÓN

¿Cómo se tramitarán las impugnaciones en las que se alega la inclusión de alguna partida indebida y que para el caso de no serlo debe considerarse excesiva?

En estos casos se tramitarán ambas impugnaciones simultáneamente, con arreglo a lo dispuesto en la LEC para cada una de las opciones, pero quedando en suspenso la resolución sobre si los honorarios son excesivos hasta que se decida sobre si la partida impugnada es o no debida.

Cuando una de las partes sea titular del derecho a la asistencia jurídica gratuita, no se discutirá ni se resolverá en el incidente de tasación de costas cuestión alguna relativa a la obligación de la Administración de asumir el pago de las cantidades que se le reclaman por aplicación de la Ley de Asistencia Jurídica Gratuita.

Procedimiento de impugnación de costas en el orden civil

En primer lugar, tendremos que distinguir entre la **impugnación de costas por indebidas** o la **impugnación de costas por excesivas** (artículos 245 y 246 de la LEC) .

– **Impugnación por costas indebidas**: se impugnará si realmente los gastos que se incluyen en la tasación de costas no se han devengado en el pleito, o si corresponden a escritos o actuaciones inútiles, superfluas, o no autorizadas por la ley.

> **A TENER EN CUENTA**. Cuando los honorarios del procurador se consideren indebidos, debe de acudirse siempre al cauce de impugnación de costas por excesivas, y nunca por indebidas.

– **Impugnación por costas excesivas**: en este caso, el objeto de la impugnación es cuando los gastos sí son debidos, pero exceden del importe, es decir, son excesivos.

Esta vía de impugnación es la que se utiliza para impugnar los derechos u honorarios de abogados, peritos o profesionales no sujetos a arancel. El concepto de tasación de costas se debe, pero existe una discrepancia en cuanto al *quantum.* Así lo recuerda el Tribunal Supremo en el **auto, rec. 4873/2020, de 20 de febrero de 2024, ECLI:ES:TS:2024:2102A,** en el que señala:

> «Como recuerda el auto de 17 de octubre de 2023, rec. 6628/2020, es doctrina reiterada que los derechos de procurador y los honorarios de letrado son debidos cualquiera que sea su importe siempre que se correspondan con escritos o actuaciones que no sean inútiles, superfluas o no autorizadas por la ley (art. 243.2 LEC), y en este caso no consta que los derechos del procurador incluidos en la tasación impugnada se correspondan con partidas indebidas, inútiles o superfluas que no traigan causa de actuaciones procesales efectivamente realizadas, pues basta el examen de las actuaciones para comprobar que dicho profesional se personó ante esta sala en representación de la parte recurrida, siendo preceptiva la postulación en los recursos de casación y por infracción procesal».

Cuando se impugne la tasación de costas tanto por excesivas como por indebidas, en aras a la economía procesal, deben tramitarse conjuntamente resolviéndose en el mismo decreto y, posteriormente, en el mismo auto resolutorio de revisión frente al decreto. En este sentido se ha pronunciado el Tribunal Supremo en numerosas resoluciones como es el **auto, rec. 302/2012, de 14 de febrero de 2016, ECLI:ES:TS:2016:11298A.**

> **RESOLUCIÓN RELEVANTE**
>
> **Auto del Tribunal Supremo, rec. 2207/2020, de 16 de enero de 2024, ECLI:ES:TS:2024:380A**
>
> *«Constantemente se viene declarando por esta sala (entre otros muchos, autos de 17 de enero de 2018, rec. 3334/2014, 31 de enero de 2018, rec. 1185/2010, 7 de febrero de 2018, rec. 1851/2014, 14 de febrero de 2018, rec. 3283/2014, y 18 de abril de 2018, rec. 2762/2015): (i) que la solución de todas las controversias planteadas al*

respecto de la consideración o no como excesivos de los honorarios de los letrados incluidos en la tasación de costas pasa por el examen de las circunstancias concretas del caso y su acomodación a los parámetros o criterios que rigen en la materia, lo que incumbe en primer lugar al letrado de la Administración de Justicia, como encargado de la resolución inicial del incidente, y posteriormente a esta sala en el caso de que dicha resolución fuese recurrida en revisión en la forma que prevé la LEC; (ii) que la tasación tiene únicamente por objeto determinar la carga que debe soportar el condenado en costas respecto de los honorarios del letrado minutante y que, a tal fin, la minuta incluida en la tasación debe ser una media ponderada y razonable dentro de los parámetros de la profesión, no solo calculada de acuerdo a criterios de cuantía, sino además adecuada a las circunstancias concurrentes en el pleito, el grado de complejidad del asunto, la fase del proceso en que nos encontramos, los motivos del recurso, la extensión y desarrollo del escrito de impugnación del mismo, la intervención de otros profesionales en la misma posición procesal y las minutas por ellos presentadas a efectos de su inclusión en la tasación de costas, sin que, para la fijación de esa media razonable que debe incluirse en la tasación de costas resulte vinculante por sí sola la cuantía del procedimiento ni el preceptivo informe del Colegio de Abogados, ni ello suponga que el abogado minutante no pueda facturar a su representado el importe íntegro de los honorarios concertados con su cliente por sus servicios profesionales; (iii) que la función revisora de la sala se contrae a los casos en que el decreto dictado por el letrado de la Administración de Justicia infrinja normas procesales o incurra en arbitrariedad, irrazonabilidad o falta de proporción, sin que sea posible usar el recurso de revisión para sustituir esa ponderación por un nuevo juicio de mejor criterio por parte de esta Sala».

CUESTIÓN

¿El colegio de abogados puede repercutir los gastos de la emisión de dictamen a alguna de las partes?

De acuerdo con el *auto del Tribunal Supremo, rec. 2373/2015, de 17 de julio de 2018, ECLI:ES:TS:2018:8536A:*

«No procede declarar a cargo de ninguna de las partes los derechos colegiales por emisión de dictamen, en la medida que el dictamen que ha de emitir el Colegio de Abogados, según lo dispuesto en el art. 246 de la LEC, cuando los honorarios del letrado han sido impugnados por excesivos, constituye una obligación impuesta por la Ley a aquellos como Administración Corporativa, además de un trámite preceptivo para que el órgano jurisdiccional pueda pronunciarse con mayor conocimiento y mejor criterio acerca de la corrección de los expresados honorarios profesionales, sin que por ello puedan tales derechos colegiales incluirse en la tasación de costas que ha de abonar la parte condenada a su pago».

Solicitud de exoneración o moderación en el pago de las costas

Con la entrada en vigor de la **LO 1/2025, de 2 de enero**, el 3 de abril de 2025, y sin perjuicio de lo dispuesto en los apartados 1 a 4 del art. 245 de la LEC, en el **plazo de 10 días, la parte condenada al pago de las costas podrá solicitar la exoneración de su pago o la moderación de su cuantía cuando hubiera formulado una propuesta a la parte contraria en cualquiera de los medios adecuados de solución de controversias** al que hubieran acudido, la misma no hubiera sido aceptada por la parte requerida y la resolución judicial que ponga término al procedimiento sea sustancialmente coincidente con el contenido de dicha propuesta.

Las mismas consecuencias tendrá el rechazo injustificado de la propuesta que hubiese formulado el tercero neutral, cuando la sentencia recaída en el proceso sea sustancialmente coincidente con la citada propuesta.

A la solicitud de exoneración o modificación deberá acompañar la documentación íntegra referida a la propuesta formulada, que en este momento procesal y a estos efectos, estará dispensada de confidencialidad. De no acompañarse dicha documentación, el Letrado de la Administración de Justicia, mediante decreto, inadmitirá a trámite la solicitud. Frente a este decreto cabrá interponer recurso de revisión.

Asimismo, de acuerdo con el contenido del **nuevo artículo 245 bis de la LEC,** en el caso de que la parte condenada al pago de las costas hubiera solicitado su exoneración o la moderación de cuantía, el letrado o la letrada de la Administración de Justicia **dará traslado a la otra parte por 3 días para que se pronuncie sobre dicha solicitud.**

En el caso de que la parte favorecida por la condena en costas **aceptase la exoneración o la reducción solicitada** de contrario, se procederá por el letrado o la letrada de la Administración de Justicia a **dictar decreto fijando, en su caso, la cantidad debida en los términos de la solicitud.** Se entenderá que presta su conformidad a la solicitud si deja pasar el plazo sin evacuar el traslado.

> **A TENER EN CUENTA**. Contra este decreto cabrá interponer recurso de revisión.

Por el contrario, si la parte favorecida por la condena en costas **no aceptase la exoneración o la reducción solicitada de contrario**, se resolverá por el tribunal si son o no procedentes en la cuantía tasada, mediante auto sin condena en costas. Si se considerara procedente una reducción, el auto deberá indicar el porcentaje concreto y las partidas objeto de la misma.

> **A TENER EN CUENTA**. Contra este auto cabrá interponer recurso de reposición.

Por último, una vez firme la resolución que hubiera denegado la exoneración o la reducción, así como la que hubiera reducido la cuantía de las costas, se procederá, en su caso, a tramitar la impugnación de la tasación de costas por excesivas o indebidas de acuerdo con lo previsto en el artículo 246 de la LEC.

1.5. Las costas de la ejecución

La regulación de las costas en la ejecución

En cuanto a las costas devengadas durante el proceso de ejecución hay que hacer una **distinción fundamental** entre las **costas de la ejecución** respecto de las que no debe recaer pronunciamiento judicial alguno imponiéndolas a alguna de las partes, y las **costas de algunas de las incidencias** que se puedan producir durante la ejecución y respecto de las cuales la ley imponga un específico pronunciamiento judicial relativo a esas costas.

Respecto a las **costas de la ejecución** el apartado 2 del art. 539 de la LEC en su párrafo segundo establece que las costas del proceso de ejecución (no comprendidas en el primer párrafo del apartado 2 de este artículo) **serán a cargo del ejecutado sin necesidad de expresa imposición,** pero hasta su liquidación, el ejecutante deberá satisfacer los gastos y costas que se vayan produciendo, salvo los que correspondan a actuaciones que se realicen a instancia del ejecutado o de otros sujetos, que deberá ser pagados por quien haya solicitado la actuación de que se trate.

De este precepto nace una obligación del ejecutado de pagar las costas que nacen del proceso de ejecución y, en consecuencia, un crédito a favor del ejecutante. Sin embargo, este crédito no es líquido, sino que es necesario que el ejecutante inste la tasación de costas.

En segundo lugar, debemos hacer referencia a las costas surgidas del **incidente de oposición** a la ejecución. En este supuesto, el apartado 2 art. 539 de la LEC en su párrafo primero señala:

> «En las actuaciones del proceso de ejecución para las que esta ley prevea expresamente pronunciamiento sobre costas, las partes deberán satisfacer los gastos y costas que les correspondan conforme a lo previsto en el artículo 241 de esta ley, sin perjuicio de los reembolsos que procedan tras la decisión del Tribunal o, en su caso, del Letrado de la Administración de Justicia sobre las costas».

Los casos en que la ley tiene previsto un pronunciamiento sobre costas en los procesos de ejecución en los que se formula oposición son los arts. 559.2 y 561 de la LEC.

El art. 559.2 de la LEC señala que cuando la **oposición del ejecutado se fundare en defectos procesales** que no sean subsanables o que no se hayan subsanado dentro del plazo, en el auto que se dicte dejando sin efecto la ejecución despachada se impondrán las costas al ejecutante. En caso de que no se aprecie la existencia de los defectos procesales a que se limite la oposición las costas se impondrán al ejecutado.

Cuando la **oposición se base en motivos de fondo**, el auto que desestime totalmente la oposición condenará en costas al ejecutado, conforme a los dispuesto en el art. 394 de la LEC para la condena en costas en la primera instancia (art. 561.1.1° de la LEC) . Si, por el contrario, se estimara la oposición, se condenará en costas al ejecutante (art. 561.3 de la LEC) .

> **A TENER EN CUENTA.** El art. 561 de la LEC ha sido modificado por el Real Decreto-ley 6/2023, de 19 de diciembre, con entrada en vigor el 20 de marzo de 2024.

Nada dice la ley respecto a los supuestos en que la estimación de la oposición es parcial. La jurisprudencia menor ha señalado que para ese caso se hace preciso acudir a lo dispuesto en el art. 394.2 de la LEC; así, el **AAP de Valencia n.° 204/2021, de 13 de julio, ECLI:ES:APV:2021:1922A**, y, más recientemente, la Audiencia Provincial de Málaga en el **auto n.º 180/2023, de 20 de abril, ECLI:ES:APMA:2023:1372A**, señalan:

> «(...) Pero nada dice el precepto del pronunciamiento que debe dictarse respecto de las costas cuando la estimación de la oposición es solo parcial, así cuando, habiéndose opuesto la excepción de pago total, se estima, en el auto resolutorio de la oposición, la concurrencia de un pago parcial, mandándose seguir adelante la ejecución por una cantidad de dinero inferior a aquella por la que se despachó ejecución (en concreto por la parte del crédito no pagado). Se trata de una laguna legal que debe ser completada acudiendo a lo dispuesto en el apartado 2 del artículo 394 de la Ley 1/2000, de 7 de enero de Enjuiciamiento Civil, de tal manera que cada parte, ejecutante y ejecutado, abonará las costas causadas a su instancia y las comunes por mitad, a no ser que hubiere méritos para imponerlas a una de ellas por haber litigado con temeridad».

2.
LA CONDENA Y TASACIÓN DE COSTAS EN EL ORDEN CONTENCIOSO-ADMINISTRATIVO

Regulación de las costas procesales en el orden contencioso-administrativo

El artículo 139 de la Ley 29/1998, de 13 de julio, reguladora de la Jurisdicción Contencioso-Administrativa, dispone lo siguiente:

«1. En primera o única instancia, el órgano jurisdiccional, al dictar sentencia o al resolver por auto los recursos o incidentes que ante el mismo se promovieren, impondrá las costas a la parte que haya visto rechazadas todas sus pretensiones, salvo que aprecie y así lo razone, que el caso presentaba serias dudas de hecho o de derecho.

En los supuestos de estimación o desestimación parcial de las pretensiones, cada parte abonará las costas causadas a su instancia y las comunes por mitad, salvo que el órgano jurisdiccional, razonándolo debidamente, las imponga a una de ellas por haber sostenido su acción o interpuesto el recurso con mala fe o temeridad.

2. En los recursos se impondrán las costas al recurrente si se desestima totalmente el recurso, salvo que el órgano jurisdiccional, razonándolo debidamente, aprecie la concurrencia de circunstancias que justifiquen su no imposición.

3. En el recurso de casación se impondrán las costas de conformidad con lo previsto en el artículo 93.4.

4. En primera o única instancia, la parte condenada en costas estará obligada a pagar una cantidad total que no exceda de la tercera parte de la cuantía del proceso, por cada uno de los favorecidos por esa condena; a estos solos efectos, las pretensiones de cuantía indeterminada se valorarán en 18.000 euros, salvo que, por razón de la complejidad del asunto, el tribunal disponga razonadamente otra cosa.

En los recursos, y sin perjuicio de lo previsto en el apartado anterior, la imposición de costas podrá ser a la totalidad, a una parte de éstas o hasta una cifra máxima.

5. Para la exacción de las costas impuestas a particulares, la Administración acreedora utilizará el procedimiento de apremio, en defecto de pago voluntario.

6. En ningún caso se impondrán las costas al Ministerio Fiscal.

7. Las costas causadas en los autos serán reguladas y tasadas según lo dispuesto en la Ley de Enjuiciamiento Civil».

A TENER EN CUENTA. El apartado 4 del artículo 139 de la LJCA ha sido modificado por el Real Decreto-ley 6/2023, de 19 de diciembre, entrando en vigor el 20 de marzo de 2024.

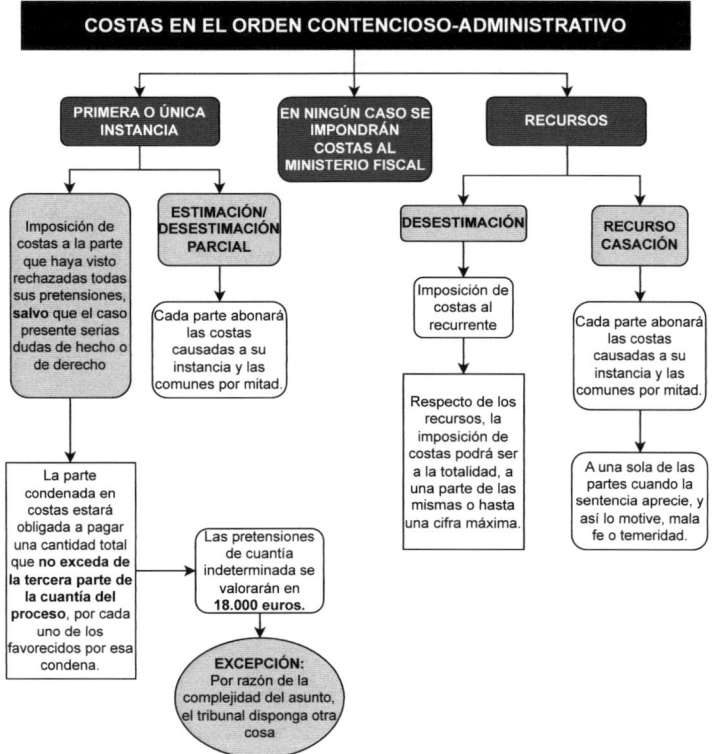

2.1. El criterio del vencimiento objetivo en materia de costas en el orden contencioso

Análisis del criterio del vencimiento objetivo y sus excepciones en el orden contencioso-administrativo

El criterio general que rige en materia de costas es el del vencimiento objetivo: «el que pierde paga». Se impondrán las costas «a la parte que haya visto rechazadas todas sus pretensiones» dice el artículo 139.1 de la LJCA (la norma, aquí, es idéntica a la del art. 394.1 de la LEC) . El fundamento es claro: el litigante que tenga razón en sus pretensiones debe salir incólume del proceso. Pero esta regla general no está exenta de algunas dificultades de interpretación y de excepciones.

A TENER EN CUENTA. El apartado 1 del artículo 394 de la LEC ha sido modificado por la LO 1/2025, de 2 de enero, con efectos a partir del 3 de abril de 2025, para incorporar la referencia a las costas en caso de que se acuda a un medio de solución de conflictos (MASC) por ser preceptivo o por derivación del/de la LAJ o juez/a.

|| Estimación íntegra versus estimación sustancial

Una interpretación literal de la norma citada llevaría a considerar que, en aquellos supuestos en los que no se rechazan en su totalidad las pretensiones de la parte demandada o, si se prefiere, no se estiman en su integridad las pretensiones de la parte actora, aunque la diferencia entre lo pedido y lo estimado por el órgano judicial fuese insignificante, supondría la no imposición de costas a la parte vencida.

La Sala de lo Civil del Tribunal Supremo, consciente de que ello resulta injusto ha establecido, a efectos de condena en costas, el criterio de la **estimación sustancial** o el «cuasi-vencimiento», exportable a la jurisdicción contencioso-administrativa toda vez que, en lo que aquí interesa, el texto del art. 394.1 de la LEC y del art. 139.1 de la LJCA son idénticos. (Si bien, hay que tener en cuenta que el art. 394.1 de la LEC ha sido modificado por la LO 1/2025, de 2 de enero, para introducir novedades respecto a las costas en el caso de acudir a un «MASC», pero dicha modificación no resulta extrapolable a las costas en el orden contencioso).

JURISPRUDENCIA

Sentencia del Tribunal Supremo, rec. 2833/2013, de 14 de diciembre de 2015, ECLI:ES:TS:2015:5222

La estimación sustancial de la demanda como criterio de imposición de costas.

«1.- Nuestro sistema general de imposición de costas recogido en el artículo 394 de la LEC se asienta fundamentalmente en dos principios: el del vencimiento objetivo y el de la distribución, también llamado compensación —aunque no es estrictamente tal—, que tiene carácter complementario para integrar el sistema. El sistema se completa mediante dos pautas limitativas. La primera afecta al principio del vencimiento, y consiste en la posibilidad de excluir la condena cuando concurran circunstancias excepcionales que justifiquen su no imposición (lo que en régimen del artículo 394 de la LEC tiene lugar cuando el caso presente serias dudas de hecho o de derecho). Su acogimiento transforma el sistema del vencimiento puro en vencimiento atenuado. La segunda pauta afecta al principio de la distribución, permitiendo que se impongan las costas a una de las partes cuando hubiese méritos para imponerlas por haber litigado con temeridad. Por otro lado, la doctrina de los tribunales, con evidente inspiración en la ratio del precepto relativo al vencimiento, en la equidad, como regla de ponderación a observar en la aplicación de las normas del ordenamiento jurídico, y en poderosas razones prácticas, complementa el sistema con la denominada doctrina

---

de la "estimación sustancial" de la demanda, que si en teoría se podría sintetizar en la existencia de un "cuasi-vencimiento", por operar únicamente cuando hay una leve diferencia entre lo pedido y lo obtenido, en la práctica es de especial utilidad en los supuestos en que se ejerciten acciones resarcitorias de daños y perjuicios en los que la fijación del quantum es de difícil concreción y gran relatividad, de modo que, por razón de la misma, resulte oportuno un cálculo a priori ponderado y aproximado, con lo que se evitan oposiciones razonables por ser desproporcionadas las peticiones efectuadas y, además, se centra la reclamación en relación al valor del momento en que se formula, dejando la previsión de la actualización respecto del momento de su efectividad, a la operatividad de la modalidad que se elija de las varias que en la práctica son posibles (SSTS 9 de junio de 2006 y 15 de junio de 2007).

2.- El carácter sustancial de la estimación de la demanda ha sido apreciado por esta Sala en diversas resoluciones para justificar la imposición de costas a aquel contra el que la pretensión se ha estimado en sus aspectos más importantes cualitativa o cuantitativamente.

Como declara la sentencia de esta Sala de 18 de junio de 2008, recurso núm. 339/2001, y reitera la de 18 de julio de 2013, "esta Sala en anteriores ocasiones ha estimado procedente la imposición de costas en casos de estimación sustancial de la demanda. Así, entre otras, en las sentencias de 17 de julio de 2003, 24 de enero y 26 de abril de 2005, y 6 de junio de 2006. Como se reconoce en la sentencia de 14 de marzo de 2003, esta Sala ha mantenido, a los efectos de la imposición de costas, la equiparación de la estimación sustancial a la total"».

Sentencia del Tribunal Supremo, rec. 2542/2015, de 31 de enero de 2018, ECLI:ES:TS:2018:208, y, rec. 1619/2016, de 13 de febrero de 2018, ECLI:ES:TS:2018:405

Estimación sustancial, no literal, a efectos de imposición de costas: los aspectos accesorios no cuentan.

«(...) Como recuerda la sentencia 715/2015, de 14 de diciembre, con cita de otras muchas, para la aplicación del principio general del vencimiento ha de considerarse que el ajuste del fallo a lo pedido no ha de ser literal sino sustancial, de modo que, si se entendiera que la desviación en aspectos meramente accesorios debería excluir la condena en costas, ello sería contrario a la equidad, como justicia del caso concreto, al determinar que tuvo necesidad de pagar una parte de las costas quien se vio obligado a seguir un proceso para ser realizado su derecho».

Sentencia del Tribunal Supremo n.º 1228/2023, de 14 de septiembre, ECLI:ES:TS:2023:3606

«5- Estos argumentos de la resolución ahora recurrida incurren en manifiesta irrazonabilidad, por lo que el motivo debe ser estimado. En primer lugar, el hecho de que la demandada hubiese pedido la desestimación total de la demanda no supone que la estimación de la demanda sea total: al acceder la sentencia de primera instancia a una parte de la pretensión formulada de forma subsidiaria por la actora, ninguna de las partes ve estimada ni desestimada sus pretensiones de forma total, sino parcial. En segundo lugar, el hecho de que una eventual estimación total de una pretensión subsidiaria no impida aplicar el principio de vencimiento objetivo (aunque haya sido desestimada la pretensión formulada como principal), no excluye que ese principio no pueda aplicarse cuando lo concedido por la sentencia sea solo una parte de lo pedido subsidiariamente en la demanda. Y esto es lo acaecido en el caso de autos, en que el juzgado acogió la petición subsidiaria pero no en su totalidad, sino solo en parte.

6.- Tampoco concurren en el presente caso circunstancias que permitan aplicar la doctrina de la "estimación sustancial". Como resulta de nuestra sentencia 715/2015, de 14 de diciembre, en los que sistematizamos los criterios de esta sala sobre las costas (...)».

Sentencia del Tribunal Supremo, rec. 1834/2016, de 31 de enero de 2019, ECLI:ES:TS:2019:161

«(...) la diferencia en cuanto a la fecha de devengo de los intereses no altera la estimación sustancial de la demanda (...)».

Sentencia del Tribunal Supremo, rec. 3908/1997, de 29 de septiembre de 2003, ECLI:ES:TS:2003:5771

Rechazo de estimación sustancial a efectos de imposición de costas: casuística.

El Tribunal Supremo no ha apreciado estimación sustancial de la demanda en casos en los que, a pesar del carácter accesorio de la pretensión resarcitoria, este no se daba desde la perspectiva económica del proceso.

«(...) No cabe argüir que la desestimación se refiere a aspectos accesorios, porque, aunque la pretensión resarcitoria tenga tal carácter en la perspectiva de la acumulación (accesoria, subordinada o condicionada), obviamente no lo tiene en la perspectiva económica del proceso (y así lo entiende la propia parte como se puede apreciar en el motivo 18.º en el fundamento siguiente), y por otra parte tampoco cabe aceptar que la desestimación afecta a una parte mínima —en orden a una hipotética aplicación de la doctrina de la "estimación sustancial"—, porque la sustancialidad de la parte desestimada no debe medirse en relación, sólo, con la totalidad de lo pedido, sino sobre todo con la importancia de lo no estimado».

Sentencia del Tribunal Supremo, rec. 296/1999, de 7 de julio de 2005, ECLI:ES:TS:2005:4582

El Tribunal Supremo rechaza la accesoriedad de la pretensión resarcitoria de los daños y perjuicios vinculada a la estimación de una pretensión principal, como en el caso de ejercitar una acción de nulidad de un acuerdo y una acción de indemnización de los daños y perjuicios materiales y morales derivados de la nulidad.

«[E]sta Sala no puede compartir el criterio sustentado por el tribunal de instancia; si bien en algunas sentencias esta Sala ha aplicado el criterio de equiparar a efectos de costas la estimación sustancial a la total, no cabe deducir de ello una doctrina general, singularmente en un caso como el presente en que se rechaza, por falta de prueba, la indemnización por daños morales, uno de los elementos integrantes del suplico de la demanda con carácter principal, no accesorio. En consecuencia, la sentencia recurrida infringe el artículo 523 [LEC/1881], al aplicar el párrafo primero, en un caso de estimación parcial de la demanda y sin que existan méritos que justifiquen la imposición a una de las partes por haber litigado con temeridad; en este sentido, se estima el motivo».

RESOLUCIÓN RELEVANTE

Sentencia de la Audiencia Provincial de Zamora, rec. 550/2019, de 19 de diciembre de 2019, ECLI:ES:APZA:2019:571

«(...) existirá acogimiento sustancial de la demanda:

1.º Cuando la oposición sea rechazada, mostrándose infundada.

2.º Siendo la diferencia entre lo pretendido y lo reconocido afectante a un elemento accesorio (caso de los intereses), o debido a una discrepancia de criterio valorativo afectante a bienes jurídicos no mensurables por su valor de cambio o mercado y no venga predeterminado por una norma jurídica (caso de los daños morales) o, en fin, cuando la diferencia sea de escasísima significación en el debate procesal.

3.° Cuando se revele que la judicialización del conflicto es imputable a la demandada, en cuanto centró el debate en la negación de la propia obligación, siendo así que ésta existía, abarcaba lo principalmente pretendido y únicamente en un extremo no significativo, que, en puridad, no aparezca ni siquiera discutido por la demandante, se reduce lo peticionado».

‖ Serias dudas de hecho o derecho

Pese a la íntegra desestimación de las pretensiones de una de las partes, no se le impondrán las costas si el juez aprecia y razona «que el caso presentaba serias dudas de hecho o de derecho». Como indica la **sentencia el Tribunal Supremo, rec. 3369/2016, de 17 de diciembre de 2021, ECLI:ES:TS:2021:4766**, «aunque rige en esta materia el criterio del vencimiento, el rigor de su aplicación se atempera en los casos como el examinado, toda vez que, al tiempo de interponerse el recurso, la cuestión objeto del mismo presentaba serias dudas de hecho o de derecho, derivadas de la complejidad y diversidad de la controversia suscitada».

No basta con que haya dudas, tienen que ser «serias», entendidas como «importantes» y «de consideración» (véase la 5.ª acepción del término «serio» en el diccionario de la RAE).

La aplicación del criterio del vencimiento objetivo y de la excepción de las serias dudas de hecho o de derecho deberá ajustarse al caso concreto, de manera que será el debate procesal el que podrá poner de manifiesto la oportunidad de aplicar las serias dudas, en este sentido resulta interesante la **sentencia del Tribunal Supremo n.° 376/2020, de 12 de marzo, ECLI:ES:TS:2020:928**, de la que se infiere:

«(...) en mismo artículo 139.1° de la Ley Jurisdiccional, establece una excepción al criterio del vencimiento, el de aquellos supuestos en que el Tribunal sentenciador " aprecie y así lo razone, que el caso presentaba serias dudas de hecho o de derecho". Bien es verdad que esas "dudas" (" tener dificultad para decidirse por una cosa o por otra"), deben entenderse referidas a las pretensiones que se accionan en el proceso, en el sentido de que no existe evidencia sobre la procedencia o no de dichas pretensiones, conforme a las normas y jurisprudencia aplicables, generando esa dificultad sobre la aceptación o no de las mismas. Y será el debate procesal el que podrá poner de manifiesto su concurrencia o no cuando el objeto del recurso sea un acto presunto, en el bien entendido de que salvo supuestos de extrema evidencia, una cierta dificultad es consustancial a todo proceso en que los derechos más palmarios pueden verse dificultados por cuestiones de las más variadas naturalezas, incluidas las procesales; de ahí que la existencia de esas dudas deben suponer un plus de dificultad.

Se quiere con lo expuesto poner de manifiesto que no caben criterios generales en la interpretación del precepto, sino que deberá estarse al caso concreto y determinar, atendidas las circunstancias del mismo, determinar cuando existe ese presupuesto legal, con la ineludible exigencia de que esa valoración se razone en las resoluciones que decidan sobre las costas, como expresamente y reforzadamente impone el referido artículo 139.1°.

Pues bien, nada impide que esas dudas pueden estar generadas por la falta de resolución expresa por parte de la Administración, cuando tiene impuesta la obligación legal de dictar resolución expresa (...), nada impide que esa falta de resolución expresa, cuando el Tribunal que decida el debate lo estime procedente y lo motive, pueda llevar a considerar que genera esas dudas de hecho o de derecho, que permitirían dejar de aplicar el criterio del vencimiento.

De lo expuesto cabe concluir, de una parte, que no puede estimarse como regla general, como parece pretenderse en el recurso, que la ausencia de resolución expresa genera excluir el criterio del vencimiento, que es la regla general y primaria para la imposición de costas. Y ello sin perjuicio de que el Tribunal que dicte la resolución que ponga fin al proceso o sus incidentes, pueda estimar y razonar, que esa ausencia de resolución expresa ha generado dudas de hecho o de derecho en el debate procesal, acogiendo la excepción que el mismo precepto procesal autoriza».

La postura anterior se ratifica por la **sentencia del Tribunal Supremo n.º 1443/2022, de 8 de noviembre, ECLI:ES:TS:2022:4009.**

JURISPRUDENCIA/RESOLUCIONES RELEVANTES

Auto del Tribunal Supremo, rec. 258/2012, de 5 de junio de 2012, ECLI:ES:TS:2012:5952A

«(...) No basta para excluir la preceptiva condena en costas que existan discrepancias sobre una determinada cuestión, de hecho o de derecho, siendo preciso que aquéllas revistan una entidad tal que justifique la exención (...)».

Sentencia del Tribunal Supremo n.º 1576/2022, de 28 de noviembre, ECLI:ES:TS:2022:4437

«9.- A la vista de lo anterior, no se comparte con la parte recurrente que la sentencia impugnada haya vulnerado la doctrina jurisprudencial relativa al fundamento de la condena en costas

Es cierto, como afirma la parte recurrente con apoyo en diversas sentencias que cita, que esta Sala ha señalado que el criterio del vencimiento, entendido como el rechazo de todas las pretensiones de la parte, es demostrativo del injustificado sostenimiento del proceso por cualquiera de las partes, debido a unas pretensiones que resultan en su totalidad inviables, causando de esta manera a la contraparte unos gastos procesales innecesarios e injustificados.

Pero admitido que la jurisprudencia relativa al fundamento de la condena se pronuncia en la forma indicada por la parte recurrente, no podemos compartir que la sentencia impugnada haya vulnerado dicha jurisprudencia. En efecto, si tenemos en consideración las circunstancias particulares de este procedimiento que antes hemos indicado, no podemos obviar la intervención de la parte recurrente en el sostenimiento del proceso, sostenimiento injustificado desde -al menos- la alegación de incompetencia de jurisdicción formulada por la abogacía del Estado que fue aceptada y compartida por la parte actora, no obstante lo cual la actividad de dicha parte en el recurso estuvo dirigida a su mantenimiento, a pesar de ser perfecta conocedora de la falta de jurisdicción del Tribunal de lo contencioso administrativo para pronunciarse sobre su pretensión.

10.- De acuerdo con los anteriores razonamientos, cabe indicar en respuesta a la cuestión de interés casacional que, en principio y al margen de las circunstancias concurrentes en cada caso, puede estimarse razonable la no imposición de costas, por aplicación de la excepción al principio objetivo del vencimiento de presentar el recurso serias dudas de derecho, prevista en el artículo 139.1 LJCA, en el caso de notificaciones con indicación errónea del órgano o de la jurisdicción competente, si la sentencia entiende que el recurso se interpuso siguiendo las indicaciones de la notificación y que la propia indicación defectuosa puede considerarse muestra de que el asunto presentaba serias dudas sobre dicho extremo.

Sin perjuicio de lo anterior, en materia de costas cada procedimiento debe ser resuelto individualmente, sin que quepa un pronunciamiento que no tenga en cuenta y sea ajeno a las concretas circunstancias presentes en cada caso, por lo que atendidas las particulares circunstancias de este caso a las que antes hemos hecho referencia, entre ellas, que el recurso se dirige contra una desestimación presunta por silencio administrativo, que el recurrente no amplió su recurso a las resoluciones expresas y que sostuvo el procedimiento a pesar de conocer y admitir en su escrito de conclusiones la incompetencia de la jurisdicción contencioso administrativa, consideramos que el pronunciamiento del tribunal de instancia en materia de costas, a quien corresponde la apreciación de si concurren o no serias dudas de hecho o de derecho, no infringe el artículo 139 de la LJCA ni los demás preceptos legales y jurisprudencia que invoca la parte recurrente en su escrito de interposición».

Sentencia de la Audiencia Provincial de Sevilla, rec. 7608/2010, de 27 de mayo de 2011, ECLI:ES:APSE:2011:1721

«(...) en todo pleito existen dudas de hecho o de derecho, que, precisamente, avocan a su planteamiento, por lo que, para eximir del pago de las costas al litigante vencido, dejando de aplicar la regla general que consagra el artículo 394 de la Ley de Enjuiciamiento Civil, hay que entender que no basta con cualquier duda, producto de un interpretación interesada, sino que es preciso que se trate de dudas importantes, graves, excepcionales o acerca de cuestiones en las que existan resoluciones contradictorias de los tribunales, o en asuntos verdaderamente oscuros, imposibles de resolver sin un pronunciamiento judicial al respecto, puesto que la esencia de todo litigio está en la incertidumbre y la posibilidad de varias soluciones, aunque solo una se la más correcta. En otro caso, nunca se impondría el pago de las costas, que quedaría reservado al supuesto de que estuviera manifiestamente claro que no se plantearan, lo que equivaldría a haber actuado en el pleito con temeridad, suponiendo tal interpretación la vuelta de facto a un criterio ya superado, como es el subjetivo de la temeridad (...)».

Sentencia de la Audiencia Provincial de Granada, rec. 89/2021, de 25 de junio de 2021, ECLI:ES:APGR:2021:779

«(...) Para aplicar esta excepción el juez ha de valorar tres conceptos como son los de "dudas", el caso no podrá presentarse claro desde el punto de vista fáctico o jurídico, "serias", la falta de claridad ha de ser importante y trascendente en sí misma y desde el punto de vista jurídico se impone una pauta para apreciar su concurrencia que será la jurisprudencia recaída en "casos similares". Por lo tanto, el juez deberá analizar la complejidad de la situación fáctica en relación a las consecuencias de la carga de prueba y las dudas que planteen los aspectos jurídicos del caso que está enjuiciando en relación a los posibles precedentes jurisprudenciales contradictorios, para aplicar la excepción cuando pueda establecer la similitud que le sirva para razonar la misma. En el mismo sentido la sentencia de esta Sala de 14-10-2016 indica que "deben considerarse amparados por la norma aquellas hipótesis en las que el supuesto presenta una complejidad en la depuración de sus presupuestos de hecho que exceda de la que normalmente acompaña al planteamiento de esta contienda judicial.... No ha de bastar, pues, ni con la concurrencia de 'buena fe' en el litigante vencido [...], ni con la mera razonabilidad de las pretensiones formuladas y finalmente desestimadas, en el entendimiento de que el litigante vencedor no tiene deber alguno jurídico de soportar los gastos inherentes a un proceso que se ha revelado innecesario"».

|| **Motivación de las «serias dudas» y de la temeridad o mala fe**

En la primera o única instancia, las «serias dudas de hecho o de derecho» que den lugar a la no imposición de costas al perdedor exigen un «razonamiento» por parte del juzgador [«(...) así lo razone», dice el art. 139.1 de la LJCA]. Es decir, las sentencias o autos que, tras estimar o desestimar íntegramente las pretensiones de las partes, utilizan la fórmula retórica y estereotipada de remitirse a «las serias dudas de hecho o de derecho», sin explicarlas en absoluto, siquiera sea con un mínimo razonamiento o que se infieran con suma facilidad y nitidez del texto de la sentencia, están violentando el tenor del artículo 139.1 de la LJCA.

Un pronunciamiento de esta índole, falto de motivación, debe ser revocado en apelación o casación, tal y como hizo el Tribunal Superior de Justicia de Navarra (contencioso), en su sentencia, rec. 403/2015, de 17 de junio de 2016, ECLI:ES:TSJNA:2016:632: «En este caso, la juez de instancia no motiva la existencia de serias dudas de hecho que le permitan apartarse del criterio general del vencimiento objetivo, por lo que, aplicando la doctrina jurisprudencial expuesta, debe estimarse el recurso interpuesto por la defensa de Caser y revocar la sentencia en este punto, imponiendo las costas de primera instancia a la Mancomunidad de Mairaga, al haber visto rechazadas todas sus pretensiones».

La misma exigencia se establece para los casos de estimación o desestimación parcial, cuando las costas se impongan a una de las partes «por haber sostenido su acción o interpuesto el recurso con mala fe o temeridad».

En las demás instancias o grados, el artículo 139.2 de la LJCA sigue el criterio objetivo del vencimiento: «se impondrán las costas al recurrente si se desestima totalmente el recurso». Pero, excepcionalmente, pese a la desestimación íntegra, el órgano judicial puede no imponer las costas «si aprecia la concurrencia de circunstancias que justifiquen su no imposición»; eso sí, «razonándolo debidamente».

JURISPRUDENCIA/RESOLUCIONES RELEVANTES

Sentencia del Tribunal Constitucional n.º 131/1986, de 29 de octubre, ECLI:ES:TC:1986:131

«La sentencia es un acto procesal orgánico y unitario que no puede contemplarse con la visión fragmentaria con que lo hace el Ministerio Fiscal en dicha alegación; la circunstancia de que no exista expresa motivación en la apreciación de temeridad no impide considerar que esta apreciación es el resultado del estudio que de la pretensión de la parte y de su fundamentación fáctica y jurídica realiza el órgano judicial al dictar su sentencia y, por tanto, es en el conjunto y sentido de las argumentaciones utilizadas por el tribunal para rechazar las alegaciones de la parte donde se exterioriza, explícita o implícitamente, la razonabilidad o arbitrariedad de la apreciación de temeridad procesal.

En el caso de autos, los considerandos de la sentencia de segunda instancia rebaten razonablemente los numerosos motivos de la apelación, hablan de hechos probados por pruebas incontestables, de realidades acreditadas documental y pericialmente y de retorcidas argumentaciones, reiteradas en el acto de la vista. Todo ello pone de manifiesto que la declaración de ser temerario el recurso de apelación responde a una decisión que no consiente la calificación de arbitraria, sino muy al contrario, de plenamente pertinente y justificada».

Auto del Tribunal Supremo, rec. 2572/2012, de 29 de septiembre de 2014, ECLI:ES:TS:2014:8083A

«Obviamente, la no aplicación del criterio objetivo del vencimiento en el caso de que se considerara que el caso ofrecía dudas de hecho o derecho obliga al juez o tribunal a razonar la expresada circunstancia y, respecto de los casos de estimación o desestimación parcial, el legislador impone de una manera expresa que se motive la imposición de las costas a una de las partes, con fundamento en su actuación temeraria o de mala fe.

En las demás instancias o grados y, desde luego en el recurso casación, el artículo 139.2 de la LJCA sigue el criterio objetivo del vencimiento, de manera que es la propia ley la que obliga a imponer al recurrente las costas si se desestima totalmente el recurso. Solo, excepcionalmente, el órgano judicial puede no imponer las costas "si aprecia la concurrencia de circunstancias que justifiquen su no imposición", por lo que también ha de razonar debidamente la falta de condena en costas».

Sentencia del Tribunal Supremo, rec. 183/2008, de 7 de diciembre de 2011, ECLI:ES:TS:2011:8336

«En los supuestos en los que la imposición, o no, de las costas procesales sea el resultado de una valoración del órgano judicial sobre las circunstancias particulares del caso o sobre la conducta procesal de las partes —temeridad o mala fe— el deber de motivar esa decisión es una exigencia derivada de los artículos 24.1 y 120.3 de la CE. Ello no obsta para que aún en estos casos la motivación implícita pueda ser admitida cuando la razón del pronunciamiento sobre las costas del proceso pueda inferirse del conjunto y sentido de las argumentaciones utilizadas por el tribunal para resolver las pretensiones de las partes, ya que la sentencia es un acto procesal orgánico y unitario que no puede contemplarse con visión fragmentaria (SSTC 131/1986, de 29 de octubre, FJ 4; y 230/1988, de 1 de diciembre, FJ 1). En aquellos otros supuestos en los que, por el contrario, el legislador acoge la regla victus victori o del vencimiento objetivo, sin prever excepciones, no existe un margen de apreciación para que el órgano judicial decida por sí sobre la imposición de las costas, sino que, por imperativo legal, la única decisión que puede adoptar es la que la norma contempla. En estos casos no existe un deber de motivación sobre la imposición de las costas procesales que vaya más allá de la motivación necesaria para estimar o desestimar las pretensiones que constituyan el objeto del concreto proceso, de cuyo resultado es consecuencia inescindible la decisión sobre las costas causadas (accesorium sequitur principale). En el mismo sentido STC 9/2009, de 12 de enero, FJ 3».

Sentencia del Tribunal Supremo de 31 de enero de 1989, ECLI:ES:TS:1989:524

El recurrente, ya en la vía administrativa, siguió toda una estrategia dilatoria iniciada con la táctica de no hacerse cargo de las notificaciones y requerimientos remitidos por correo certificado, para terminar presentando una cascada de escritos, como anticipo argumental de lo que después alegaría en el proceso:

«Octavo: Lo expuesto evidencia una actitud más de temeridad del recurrente, al imputar ausencia de procedimiento en un supuesto en el que, no sólo el procedimiento existe, y al completo, sino que aparece sobrecargado, por culpa del actor, al obligar a la Administración a repetir muchas veces unas notificaciones y requerimientos, con su premeditada obstrucción.

Noveno: Actitud que claramente denota un fraude de ley, una mala fe y un ejercicio abusivo de los medios jurídicos puesto al servicio de los particulares por el ordenamiento jurídico, pensando en la defensa de causas justas».

Sentencia del Tribunal Supremo, rec. 2136/1989, de 8 de octubre de 1991, ECLI:ES:TS:1991:11598

«Se considera que un sujeto actúa de "mala fe" en un proceso cuando conoce que el derecho o pretensión que trata de actuar carece de fundamentos fácticos o

jurídicos que lo amparen, y, actúa con "temeridad" cuando sabedor de ello desafía el riesgo a no obtener una sentencia favorable confiando que las vicisitudes procesales y las equivocaciones de la parte contraria o los errores humanos que puedan incidir en la sentencia, propicien un resultado favorable a sus particulares intereses que legítimamente no tiene.

Pues bien, en ambos supuestos —mala fe o temeridad—, ha de haber una certeza, en el sujeto que desarrolla la conducta procesal sancionable, de actuar sabiendo razonablemente que carece de los fundamentos fácticos o jurídicos favorables para obtener la sentencia y, a pesar de ello obliga a otros a mantener un proceso».

Sentencia del Tribunal Supremo de 4 de febrero de 1993, ECLI:ES:TS:1993:12670

«(...) la apreciación de la temeridad o mala fe entraña un juicio a emitir por el tribunal forzosamente, y, por ende, éste puede ser afirmativo o negativo sobre la incidencia de estas circunstancias, valoradas en cada caso según las motivaciones de las partes y hechos concurrentes, y concretamente en el proceso contencioso-administrativo la solidez de la fundamentación jurídica de los actos recurridos o su endeblez y efectos en los derechos e intereses del administrado (...)».

Sentencia del Tribunal Supremo, rec. 5206/1994, de 20 de enero de 1999, ECLI:ES:TS:1999:8727

«(...) se reconoce la mala fe y temeridad de la parte recurrente, por considerar que existe cuando la impugnación conscientemente vuelve la espalda a conceptos elementales del Derecho Administrativo, que no es por ignorancia sino por temeridad, por lo que el ejercicio de la impugnación, cuando resulta patente la inexistencia de actos administrativos recurribles, que es lo que ocurre en el recurso enjuiciado, conduce a la Sala de instancia a la imposición de costas a la parte recurrente en casación, ante la inexistencia de los fundamentos fácticos y jurídicos que concluyeran en una sentencia estimatoria».

Sentencia de la Audiencia Nacional, rec. 284/2006, de 11 de noviembre de 2009, ECLI:ES:AN:2009:4788

«(...) se aprecian en este caso méritos bastantes para imponer las costas procesales a la parte recurrente, por su manifiesta temeridad procesal, puesta en evidencia en la notoria falta de fundamento de la demanda, motivada a su vez por la total ausencia de alegación en relación con el concreto acto administrativo que se recurre».

Sentencia de la Audiencia Nacional, rec. 264/2006, de 26 de noviembre de 2009, ECLI:ES:AN:2009:5223

«(...) sí se aprecian en este caso méritos bastantes que determinan la necesidad de imposición de las costas causadas a la parte recurrente, por haber obrado con evidente temeridad, manifestada en la muy notoria falta de fundamento de su pretensión ejercitada, lo que evidencia la patente improcedencia de la acción y consiguiente innecesariedad de la provocación de este proceso».

Sentencia de la Audiencia Nacional, rec. 11/2007, de 28 de noviembre de 2008, ECLI:ES:AN:2008:4574

«(...) la parte actora ha obrado con mala fe y temeridad manifiesta en la interposición y sostenimiento de este recurso, pues sabedor de los hechos en los que basa la interposición del recurso extraordinario de revisión, desde hace casi 15 años a la fecha de su interposición, espera a que se haya llevado a cabo el embargo de bienes de su propiedad para su interposición, pretendiendo obstaculizar con la misma y con la petición de suspensión de los actos de subasta de tales bienes, la actuación de la Agencia Tributaria para el cobro legítimo de sus créditos (...)».

> **Sentencia del Tribunal Superior de Justicia de Madrid, rec. 687/2014, de 23 de abril de 2015, ECLI:ES:TSJM:2015:3797**
>
> *«(...) La temeridad o mala fe de la parte que inicia el proceso contencioso-administrativo, como causa motivadora de su condena en costas, se produce cuando la impugnación promovida vuelve la espalda a conceptos elementales del Derecho Administrativo, de forma que quepa presumir razonablemente que esa ausencia de unos mínimos fundamentos fácticos y jurídicos que pudieran concluir en una sentencia estimatoria de la pretensión no se deben a ignorancia sino a una actitud consciente y deliberada».*
>
> **Sentencia del Tribunal Superior de Justicia de Andalucía, rec. 472/2012, de 14 de diciembre de 2015, ECLI:ES:TSJAND:2015:14715**
>
> *«(...) La Sala no puede confirmar que se hayan mantenido posiciones jurídicas intencionadamente erróneas (con temeridad) o menos que ello se haya efectuado con intención de perjudicar a la contraparte (mala fe)».*

2.2. Costas procesales cuando el proceso finaliza sin sentencia

Imposición de costas en procesos terminados por desistimiento

El desistimiento es uno de los modos previstos en la ley jurisdiccional contencioso-administrativa para la terminación del proceso (art. 74 de la LJCA) . Consiste en una manifestación de voluntad de la parte actora —dirigida a abandonar el proceso— que no exige justificación argumental alguna. De hecho, habitualmente, quien desiste no suele justificar los motivos, acudiendo a fórmulas estereotipadas como la de que se actúa siguiendo las instrucciones expresas de su representado/a.

> **A TENER EN CUENTA.** El apartado 3 del artículo 74 de la LJCA ha sido modificado por el Real Decreto-ley 6/2023, de 19 de diciembre, entrando en vigor el 20 de marzo de 2024. Desde ese momento ese apartado queda redactado como sigue: «3. El letrado o letrada de la Administración de Justicia dará traslado a las demás partes, y en los supuestos de acción popular al Ministerio Fiscal, por plazo común de cinco días. Si prestaren su conformidad al desistimiento o no se opusieren a él, dictará decreto en el que declarará terminado el procedimiento, ordenando el archivo de los autos».

En lo concerniente a las costas, el desistimiento en el proceso civil diferencia su imposición según que fuere o no consentido por la parte demandada (art. 396 de la LEC) .

En la jurisdicción contencioso-administrativa, el artículo 74.6 se limita a señalar, con una fórmula abierta, que «el desistimiento no implicará necesariamente la condena en costas». Esto es, la norma no prevé que hayan de imponerse las costas a alguna de las partes, pero tampoco lo prohíbe. Por tanto, se podrán imponer las costas en función de las circunstancias concretas del caso, lo que nos lleva a la **aplicación de un criterio subjetivo**.

Como dice el **Tribunal Supremo, en su sentencia, rec. 54/2017, de 22 de mayo de 2018, ECLI:ES:TS:2018:2034:**

> «(...) El artículo 74.6 excluye el automatismo de la imposición de las costas en el supuesto del desistimiento, lo que a su vez desplaza la aplicación del artículo 139.1, como ya hemos indicado; pero, por otra parte, su tenor literal antes trascrito que ahora reiteramos ("el desistimiento no implicará necesariamente la condena en costas") tampoco impide la condena en costas».

Y añade:

> «En definitiva, excluida la aplicación del criterio objetivo, la cuestión sobre una eventual condena en estos supuestos —es decir, en el supuesto del desistimiento [...]— queda remitida al criterio subjetivo del juzgador en la instancia, que habrá de tomar en consideración las circunstancias concurrentes en cada caso».

En fin, en caso de desistimiento, no hay mandato legal que determine la imposición de las costas al actor que se aparta del proceso contencioso-administrativo, correspondiendo al tribunal valorar las circunstancias concurrentes en el ejercicio y sostenimiento de la acción ejercitada.

RESOLUCIONES RELEVANTES

Auto del Tribunal Supremo, rec. 2641/2011, de 11 de julio de 2011, ECLI:ES:TS:2011:7644A

«[...] en los supuestos de desistimiento, quiebra la regla general sobre condena en costas establecida en el artículo 139 de la ley de la jurisdicción, de tal manera que queda al juicio del tribunal la imposición o no de la carga del abono de las costas en caso de desistimiento, como dispone el artículo 74.6 de la ley de la jurisdicción.

Este es, por otro lado, el criterio general que sigue la Sala y conforme al cual dicha condena en costas no cabe imponerla cuando ni siquiera en el proceso se ha producido un concreto señalamiento de fecha para votación y fallo, lo que en un principio excluye una conducta merecedora de dicha condena en costas, supuesto que concurre en el presente caso en que dicho señalamiento no se había tampoco producido, lo que determina la desestimación del recurso de revisión, sin que se aprecien motivos determinantes de una condena en costas en el mismo».

Auto del Tribunal Supremo, rec. 1201/2016, de 2 de diciembre de 2016, ECLI:ES:TS:2016:11988A

«El artículo 74.4 de la ley jurisdiccional no prevé la condena en costas preceptiva en los supuestos de desistimiento, a lo que ha de añadirse el criterio de esta Sala de favorecer y no dificultar dicho acto, siendo una manera de cumplir la finalidad pretendida la no imposición de costas (por todos, autos de esta Sala y sección de 18 de abril y 12 de noviembre de 2012 y auto de 17 de noviembre de 2016)».

Imposición de costas en procesos terminados por satisfacción extraprocesal

Una vez iniciado el proceso judicial, la satisfacción extraprocesal supone el reconocimiento total en vía administrativa de las pretensiones de la parte demandante. Si ello sucediese, se dictará auto declarando terminado el procedimiento y ordenando el archivo del pleito (art. 76 de la LJCA) . Nada se dice sobre las costas hasta ese momento causadas.

A TENER EN CUENTA. El apartado 2 del artículo 76 de la LJCA ha sido modificado por el Real Decreto-ley 6/2023, de 19 de diciembre, entrando en vigor el 20 de marzo de 2024 con la siguiente redacción: «2. El letrado o letrada de la Administración de Justicia mandará oír a las partes por plazo común de cinco días y, previa comprobación de lo alegado, el juez, la jueza o el tribunal dictarán auto en el que declarará terminado el procedimiento y ordenará el archivo del recurso, si el reconocimiento no infringiera manifiestamente el ordenamiento jurídico. En este último caso dictará sentencia ajustada a Derecho».

En la LEC, el artículo 22.1 prevé la satisfacción extraprocesal o carencia sobrevenida de objeto «porque se hayan satisfecho, fuera del proceso, las pretensiones del actor». En tal supuesto, el/la letrado/a de la Administración de Justicia decretará la terminación del proceso «sin que proceda condena en costas». Esta norma no tiene cabida en el ámbito del orden jurisdiccional contencioso-administrativo. Lo dice así la **STS, rec. 54/2017, de 22 de mayo de 2018, ECLI:ES:TS:2018:2034**: «aun sin negar la existencia de algunas aproximaciones, como acredita la propia incorporación del criterio objetivo del vencimiento en el supuesto de acordarse la estimación del recurso contencioso-administrativo o su desestimación (o, en su caso, su inadmisibilidad) (artículo 139.1 LJCA), sigue sin resultar del todo coincidente la lógica de ambos procesos, civil y contencioso-administrativo, y ello excluye la recepción mecánica y acrítica de las reglas propias de unos procesos en los otros».

JURISPRUDENCIA/RESOLUCIÓN RELEVANTE

Sentencia del Tribunal Supremo, rec. 54/2017, de 22 de mayo de 2018, ECLI:ES:TS:2018:2034

La imposición de costas en los supuestos de satisfacción extraprocesal es casuística: queda sujeta al criterio subjetivo, en función de la actitud de las partes y las circunstancias concurrentes en el caso.

«[...] la indicada cuestión quedó formulada en los términos que ahora recordamos, esto es, si "a partir del nuevo tenor literal del artículo 139.1 de la LJCA resulta procedente la imposición de la condena al pago de las costas procesales en los supuestos de terminación del procedimiento por satisfacción extraprocesal", hemos de responder ahora que, en tanto que escapa del ámbito de aplicación que le es propio al citado precepto, el artículo 139.1 de la LJCA no impone necesariamente la condena al pago de las costas procesales en los supuestos de terminación del procedimiento por satisfacción extraprocesal.

Lo que, sin embargo, no ha de entenderse en el sentido de que dicha condena haya de quedar excluida siempre y en todo caso. Y, otra vez, el tratamiento dispensado por nuestra ley jurisdiccional del desistimiento sirve para arrojar luz sobre este particular. El artículo 74.6 excluye el automatismo de la imposición de las costas en el supuesto del desistimiento, lo que a su vez desplaza la aplicación del artículo 139.1, como ya hemos indicado; pero, por otra parte, su tenor literal antes trascrito que ahora reiteramos ("el desistimiento no implicará necesariamente la condena en costas") tampoco impide la condena en costas.

En definitiva, excluida la aplicación del criterio objetivo, la cuestión sobre una eventual condena en estos supuestos —es decir, en el supuesto del desistimiento, pero también de los restantes supuestos de terminación extraprocesal— queda remitida al criterio subjetivo del juzgador en la instancia, que habrá de tomar en consideración las circunstancias concurrentes en cada caso».

Y añade que, en los casos de satisfacción extraprocesal, la imposición de costas queda sujeta al criterio subjetivo, de manera que corresponde al órgano de instancia evaluar la conducta y actitud de las partes:

«Como no resulta de imposición obligatoria la condena en costas en los supuestos incluidos dentro de los otros modos de terminación del procedimiento, nada cabe objetar en derecho a la resolución impugnada sometida a nuestra consideración. La imposición o no de la condena en costas en este punto queda remitido, como acabamos de indicar, al criterio subjetivo del juzgador, que habrá de atender a las circunstancias concurrentes en cada caso; y la revisión del criterio establecido por el órgano juzgador está excluida de casación.

En efecto, lejos queda de nuestro cometido evaluar la conducta y la actitud de las partes. Enfrentarse a las particularidades que ofrece cada caso por fuerza conduce a una solución necesariamente casuística que no cabe cuestionar en esta sede y corresponde por eso a los órganos jurisdiccionales actuantes en la instancia adoptar sobre la base indicada la solución que procede en los supuestos que nos ocupan (terminación del procedimiento por satisfacción extraprocesal), esto es, excluir la condena en costas o, en su caso, expresar las razones que eventualmente pudieran determinar su imposición; sin que dicho pronunciamiento sea susceptible de casación».

Auto de la Audiencia Nacional n.º 892/2024, de 3 de diciembre, ECLI:ES:AN:2024:8651A

«(...) En relación con la imposición de las costas en caso de terminación del procedimiento por satisfacción extraprocesal, el Tribunal Supremo: en sentencia de 22 de mayo de 2018 (RC 54/2017) y reiterado en auto de 19 febrero 2021 (recurso 7432/2020) ha declarado lo siguiente:

1. No resulta aplicable el criterio objetivo del artículo 139.1 LJCA para el supuesto de terminación extraprocesal del procedimiento ya que ese artículo se proyecta en rigor sobre la sentencia y demás actos procesales en que proceda (autos) cuando unos y otros contengan los actos que le son propios pero no cuando estemos ante alguno de los otros modos de terminación del procedimiento que la Ley Jurisdiccional contempla.

2. No cabe en el ámbito del orden jurisdiccional contencioso- administrativo la aplicación con carácter supletorio de forma mecánica del artículo 22 de la LEC (que establece para supuestos de satisfacción extraprocesal, la terminación del proceso sin condena en costas) sino que excluida la aplicación del criterio objetivo del artículo 139.1 LJCA, es aplicable el tratamiento dispensado al desistimiento que en el artículo 74.6 LJCA excluye el automatismo en la imposición de costas al señalar que el desistimiento no implicará necesariamente la condena en costas.

3. En definitiva, excluida la aplicación del criterio objetivo, la cuestión sobre una eventual condena en estos supuestos -es decir, en el supuesto del desistimiento, pero también de los restantes supuestos de terminación extraprocesal- queda remitida al criterio subjetivo del juzgador en la instancia, que habrá de tomar en consideración las circunstancias concurrentes en cada caso».

2.3. Fijación del importe de las costas procesales en el orden contencioso

Moderación de las costas impuestas en el procedimiento contencioso-administrativo

Conforme a la nueva redacción del apartado 4 del artículo 139 de la LJCA, introducida por el Real Decreto-ley 6/2023, de 19 de diciembre (en vigor a partir del 20 de marzo de 2024):

> «4. En primera o única instancia, la parte condenada en costas estará obligada a pagar una cantidad total que no exceda de la tercera parte de la cuantía del proceso, por cada uno de los favorecidos por esa condena; a estos solos efectos, las pretensiones de cuantía indeterminada se valorarán en 18.000 euros, salvo que, por razón de la complejidad del asunto, el tribunal disponga razonadamente otra cosa.
>
> En los recursos, y sin perjuicio de lo previsto en el apartado anterior, la imposición de costas podrá ser a la totalidad, a una parte de éstas o hasta una cifra máxima».

También es posible moderar las costas en sede casacional. Al dictar sentencia en el recurso de casación, es el artículo 93.4 de la LJCA el que señala cómo resolver sobre las costas:

1. En lo concerniente a las de primera instancia, se remite a lo establecido en el artículo 139.1 de la LJCA.

2. Por lo que se refiere a las causadas en el recurso de casación, establece una regla general y otra excepcional:

   • Cada parte abonará las causadas a su instancia y las comunes por mitad.

   • Podrá imponer las costas solo a una de las partes cuando aprecie y motive que ha actuado con mala fe o temeridad. Y, en tal caso, podrá limitar las costas a solo una parte de ellas o hasta una cifra máxima.

Téngase en cuenta que la moderación en la cuantía de las costas afecta exclusivamente a la cantidad que el beneficiado puede reclamar del condenado; esto es, al crédito que aquel ostenta contra este, que no tiene por qué suponer la completa indemnidad del beneficiado. Hay que tener presente que, pese al carácter compensatorio de las costas, las previsiones del artículo 139.4 de la LJCA, al igual que las del artículo 394.3 de la LEC, dan buena cuenta de que no se trata aquí de una *restitutio in integrum* de cuantos gastos se han causado al favorecido por el crédito en que consiste la condena en costas.

> **A TENER EN CUENTA**. El apartado 3 del artículo 394 de la LEC ha sido modificado por la LO 1/2025, de 2 de enero, con efectos a partir del 3 de abril de 2025, de entre los cambios que sufre cabe resaltar que en su ámbito las pretensiones inestimables pasan a valorarse en 24.000 euros frente a los 18.000 euros anteriores. En este sentido, destacar que la LJCA mantiene su valoración en 18.000 euros respecto del ámbito que le corresponde.

Por consiguiente, la fijación de una cantidad máxima en concepto de costas no limita los honorarios o los aranceles que, por sus servicios, pueden cobrar los abogados, los peritos y los procuradores de sus clientes. La moderación de las costas solo limita la cuantía a cuyo pago ha de contribuir la persona condenada.

Tanto el Tribunal Constitucional como el Tribunal Supremo se han pronunciado en el sentido de que el resarcimiento íntegro de los gastos del proceso, en caso de victoria, no se extrae como correlato del artículo 24 de la CE, lo que supone que, a partir de esta doctrina, no quepa oponerse a la limitación de las costas *ex* artículo 139.4 de la LJCA con base en el derecho del vencedor al resarcimiento íntegro de los gastos procesales.

> **A TENER EN CUENTA**. Todas estas sentencias y doctrina establecida son anteriores a la reforma operada en este apartado 4 del art. 139 de la LJCA por el RD-ley 6/2023, de 19 de diciembre. Las referencias que en ellas se contengan al artículo 139.3 de la LJCA han de entenderse hechas al artículo 139.4 de la LEC tras la introducción del nuevo apartado 3 por la reforma operada por la LO 7/2015, de 21 de julio, en vigor a partir del 22 de julio de 2016.

JURISPRUDENCIA

Auto del Tribunal Constitucional n.º 119/2008, de 6 de mayo, ECLI:ES:TC:2008:119A

«La contraprestación o el resarcimiento de los gastos causados en la propia defensa no es un derecho de la parte que vence en juicio y, por tanto, un derecho de contenido patrimonial del vencedor que el legislador no pueda legítimamente limitar, condicionar o, incluso, suprimir en determinados supuestos, salvo mediante la correspondiente indemnización. Lo sería en su caso si el hecho de vencer en juicio otorgara directamente al vencedor y bajo cualquier condición el derecho a ser indemnizado por el coste de la justicia y, más concretamente, si el resarcimiento de los gastos originados por la propia defensa fuera en rigor, como sugiere el auto de planteamiento, un derecho de crédito que el litigante vencedor adquiere con la condena en costas de la contraparte.

Este no es, sin embargo, como se ha observado, el modelo que sigue nuestro ordenamiento jurídico, que no incluye ninguna norma constitucional ni legal que imponga para todos los tipos de procesos y recursos jurisdiccionales la condena en costas del vencido en el pleito ni, menos aún, "ha impuesto en todo caso la gratuidad del servicio público de la justicia" (ATC 171/1986, de 19 de enero, FJ 5). De ahí precisamente la libertad del legislador para establecer el sistema de imposición de costas que estime oportuno y, en concreto, como tantas veces hemos dicho, el que "ninguno de los dos sistemas en que se estructura la imposición de costas en nuestro ordenamiento procesal, esto es, el objetivo o del vencimiento y el subjetivo o de la temeridad, afecten a la tutela judicial efectiva" (entre otras, STC 134/1990, de 19 de julio, FJ 5; 170/2002, de 30 de septiembre, FJ 17; y 107/2006, de 3 de abril, FJ 3). [...]

Debe insistirse en que el resarcimiento de los gastos procesales originados por la defensa en juicio de los respectivos derechos e intereses legítimos no es una garantía constitucional, ni un derecho preexistente del litigante vencedor, ni un derecho que nazca simplemente con la condena en costas de la contraparte y que, por tanto, el vencedor patrimonialice de modo automático con la declaración judicial de condena en costas. Es, por el contrario, como se ha advertido y enseña la jurisprudencia constitucional que más arriba se ha dejado citada, una consecuencia económica del acceso a la justicia que, respetando las exigencias que impone el derecho fundamental del artículo 24.1 de la CE, corresponde diseñar libremente al legislador».

Auto del Tribunal Supremo, rec. 4459/2003, de 8 de julio de 2009, ECLI:ES:TS:2009:10494A

«La LJCA no garantiza el reintegro íntegro de los gastos derivados de la contratación de profesionales, y tampoco constituye dicha garantía un elemento incorporado a la tutela judicial efectiva.

Y el referido sistema legal es, en definitiva, compatible con el derecho fundamental, según resulta de la doctrina expuesta del Tribunal Constitucional. O, dicho en otros términos, ni el legislador resulta constitucionalmente obligado a establecer una condena objetiva de todas las costas procesales, ni los tribunales del orden jurisdiccional contencioso-administrativo resultan obligados a ignorar la previsión legal del artículo 139.3 de la LJCA, que dispone, como alternativa a la condena a la totalidad de las costas, una condena parcial o una condena hasta una cifra máxima.

Las partes del proceso pueden contratar los servicios de los profesionales que libremente elijan y convenir los honorarios que consideren procedentes, en un ámbito de libre concurrencia y sin sujeción a sistemas de arancel. Pero sin ignorar que la Ley aplicable, en el caso de que proceda la condena en costas, no asegura el pleno reintegro de la cantidad satisfecha por el referido concepto».

Para moderar las costas, la ley no exige expresamente motivación alguna. Ejemplo de ello es que el Tribunal Supremo las limita frecuentemente, sin mayor razonamiento, con fórmulas estereotipadas como: «haciendo uso de la facultad contemplada en dicho precepto legal, quedan las costas... fijadas en un máximo de... euros por todos los conceptos». Pueden verse, a título de ejemplo, las **SSTS, rec. 347/2019, de 11 de marzo de 2021, ECLI:ES:TS:2021:854**, o **rec. 436/2019, de 17 de marzo de 2021, ECLI:ES:TS:2021:940**, o los **AATS, rec. 49/2021, de 20 de julio de 2021, ECLI:ES:TS:2021:10040A**, o, **rec. 143/2021, de 21 de julio de 2021, ECLI:ES:TS:2021:10540A**.

En otras ocasiones, el Alto Tribunal señala que, para la fijación de la cantidad máxima «se tienen en cuenta los criterios seguidos habitualmente por esta Sala en razón de las circunstancias del asunto, de la dificultad que comporta y de la utilidad del escrito de oposición para resolver el recurso de casación». Así, por ejemplo, en las **SSTS, rec. 744/2016, de 1 de diciembre de 2016, ECLI:ES:TS:2016:5321**, o, **rec. 2426/2016, de 13 de noviembre de 2017, ECLI:ES:TS:2017:3974**.

DOCTRINA

César Cierco Seira: «El poder del juez administrativo de limitar las costas procesales», en Revista de Administración Pública, núm. 202, enero-abril de 2017, págs. 43 a 89.

«Tal es la vaguedad del dictado que no solo no hay referencia alguna a los posibles móviles que han de perseguirse, sino que, sobre ello, ni siquiera se exige una explicación. Al menos, en otros pasajes de las costas, a pesar de la holgura, hay un

> *llamamiento explícito a la motivación [...]. Nada similar aparece en el tenor literal del artículo 139.4 de la LJCA. Por tanto, ni se señalan los motivos ni se exige que se señalen después por el juez administrativo. [...].*
>
> *La ley no es ciertamente en este caso acicate para la motivación. Pero el caso es que tampoco la jurisprudencia ha avanzado mucho más. En general, cabe afirmar que el juez administrativo se viene recostando en la anchura de la norma para movilizar este poder con pocas explicaciones. Muchas veces solo se invoca el precepto acompañado de una categórica indicación de que "se considera procedente en este supuesto" limitar las costas. Esta motivación de perfil tan bajo se enmarca, por lo demás, en un contexto, el de las costas procesales, en el que, desde hace mucho, se ha instalado la tendencia a no exponer, sintetizar en extremo o, simplemente, dar por supuesto —el vencimiento y su mecánica automática han empujado, claro es, en esta dirección— el razonamiento que lleva a una determinada solución. Una devaluación de la motivación inquietante a la que, solo discretamente, el TC ha puesto algún que otro freno.*
>
> *Siendo esto así, es evidente el peligro de que la parte perjudicada vea en el uso del artículo 139.4 de la LJCA un ejercicio de voluntariedad por parte del juzgador, es decir, que en lugar de una llamada al prudente arbitrio lo tenga por un alea generador de frustración. Lo cual sirve a la postre en bandeja la crítica a la inseguridad jurídica y a la desigualdad en la aplicación de la ley. El acecho de la arbitrariedad se agudiza. En cualquier caso, aunque el panorama aparezca dominado por esa relajación a la hora de invocar el poder de limitación de la condena en costas, no faltan tampoco los pronunciamientos en los que, siquiera sea con un cierto convencionalismo, se da cuenta de algunas razones más concretas».*

Con todo, parece razonable que esa limitación tenga alguna explicación, por muy lacónica que sea. A título meramente ilustrativo, los tribunales atienden a los siguientes factores:

- La «dificultad e importancia del asunto» (STSJ de Andalucía, rec. 692/2016, de 6 de abril de 2018, ECLI:ES:TSJAND:2018:5479).

- La «naturaleza y complejidad del asunto, la cuantía del presente recurso y la actuación profesional desarrollada» (STSJ de Madrid, rec. 1694/2019, de 11 de noviembre de 2021, ECLI:ES:TSJM:2021:12142).

- La «índole del litigio y la concreta actividad desplegada por las partes» (STSJ de Madrid, rec. 312/2021, de 29 de octubre de 2021, ECLI:ES:TSJM:2021:12509; STSJ de Cataluña, rec. 479/2020, de 30 de noviembre de 2021, ECLI:ES:TSJCAT:2021:10196, y STSJ de Castilla-La Mancha, rec. 431/2019, de 2 de noviembre de 2021, ECLI:ES:TSJCLM:2021:2604).

- La «complejidad del supuesto, el detallado y motivado escrito de oposición al recurso de apelación que se ha presentado por la parte apelada, que el pleito fue decidido en la primera instancia jurisdiccional con una respuesta motivada desestimatoria que ahora es confirmada, que también existían sentencias anteriores del TSJ de Extremadura de contenido similar al debate ahora suscitado y a fin de evitar incidentes en fase de tasación de costas» (STSJ de Extremadura, rec. 193/2021, de 2 de noviembre de 2021, ECLI:ES:TSJEXT:2021:1325).

- La «cuantía del proceso fijada en indeterminada, la complejidad del debate y el trabajo desarrollado por el letrado de la parte demandada»

(STSJ de Extremadura, rec. 115/2021, de 21 de octubre de 2021, ECLI:ES:TSJEXT:2021:1365).

- El «trabajo y esfuerzo desplegado para dar respuesta a los motivos de apelación esgrimidos» (SSTSJ de Galicia, rec. 242/2020, de 29 de octubre de 2021, ECLI:ES:TSJGAL:2021:6289, y, rec. 262/2021, 10 de noviembre de 2021, ECLI:ES:TSJGAL:2021:6455).

- El «estudio que ha merecido la respuesta ofrecida a los argumentos de la apelación». (SSTSJ de Galicia, rec. 28/2021, de 20 de octubre de 2021, ECLI:ES:TSJGAL:2021:6014, o, rec. 258/2021, de 27 de octubre de 2021, ECLI:ES:TSJGAL:2021:6050).

- Las «circunstancias del asunto ya expuestas, la dificultad que comporta y la utilidad del escrito de oposición». (SSTSJ de Cataluña, rec. 54/2021, de 21 de septiembre de 2021, ECLI:ES:TSJCAT:2021:8208, o, rec. 184/2016, de 5 de octubre de 2021, ECLI:ES:TSJCAT:2021:10167).

- Las «circunstancias del caso concreto, la dificultad que comporta el debate jurídico trasladado a la Sala y la utilidad del escrito de oposición para resolver el recurso». (SSTSJ de Las Islas Canarias, rec. 21/2021, de 12 de marzo de 2021, ECLI:ES:TSJICAN:2021:715, o, rec. 55/2021, de 25 de marzo de 2021, ECLI:ES:TSJICAN:2021:761).

La limitación de las costas tiene una ventaja procesal indiscutible: allana el camino de la tasación posterior. Al respecto, el Tribunal Supremo tiene establecido que, salvo casos excepcionales, la tasación practicada dentro de los márgenes fijados en la limitación no puede reputarse excesiva.

RESOLUCIONES RELEVANTES

Auto del Tribunal Supremo, rec. 52/2012, de 20 de noviembre de 2014, ECLI:ES:TS:2014:10407A

«Constituye doctrina reiterada de esta Sala (por todos, AATS de 10 de julio de 2008 —recurso de casación 5784/2004— y de 11 de noviembre de 2011 —recurso de casación 5572/2008—) que, salvo circunstancias excepcionales, cuando se fija una cuantía como máxima a favor del letrado favorecido por una condena en costas, la misma no puede ser discutida en incidente de tasación de costas, en razón de que el tribunal ya prefijó su importe. En este caso, las razones alegadas son insuficientes para reducir la cuantía de las costas establecida en la sentencia y, si bien es cierto que esa cantidad se fijó como cantidad máxima (lo que no excluye que, en ciertos y justificados casos, el importe final haya de señalarse en cantidad menor) también lo es que, en el presente caso, no se da ninguna circunstancia que imponga una modificación pues la naturaleza del asunto y el trabajo desarrollado por el abogado del Estado son las razones tenidas en cuenta al fijar la cuantía máxima de las costas en la propia sentencia siguiendo el criterio expresado para asuntos similares pues el que refleja el Colegio de Abogados en su dictamen es meramente orientativo y no vinculante para esta Sala.

En el mismo sentido, esta Sala ya se ha pronunciado sobre la procedente desestimación de la impugnación de honorarios de abogado por excesivos cuando las minutas coinciden con el máximo señalado en el proceso (AATS de 5 de julio de 2009 —recurso de casación número 1863/2006 y los en él citados— y de 17 de septiembre de 2010 —recurso de casación número 283/2007—, entre otros), precisando que "...

si el artículo 139 de la ley de la jurisdicción permite que la imposición de costas se haga por la totalidad, a una parte o hasta una cifra máxima, es claro que si la Sala en la sentencia se refiere a esa cantidad máxima ya está valorando y admitiendo la validez de la minuta que se presenta dentro de esa cantidad máxima, obviamente lo que no impide que el favorecido por esa declaración pueda solicitar una cantidad inferior, pero si solicita esa cantidad máxima se está cumpliendo lo dispuesto en la sentencia y no se puede alterar si no es impugnando la citada sentencia"».

Auto del Tribunal Supremo, rec. 537/2015, de 2 de junio de 2016, ECLI:ES:TS:2016:5241A

«La cuestión suscitada en presente recurso es la de si, fijado en la sentencia un límite máximo de la condena en costas, puede entenderse que una minuta que no sobrepasa el límite fijado en la sentencia puede considerarse excesiva, y si, en su caso, puede resultar correcto que, mediante una resolución posterior, en el incidente de impugnación de costas por excesivas, pueda, en definitiva, llegarse a tal consideración.

Pues bien, reiterada jurisprudencia de esta Sala (autos de 22 de junio de 2006 dictado en recurso de casación 4987/2001; de 26 de septiembre de 2008 dictado en recurso de casación para unificación de doctrina 68/2002; de 16 de octubre de 2008, dictado en recurso de casación 4609/2002; de 9 de julio de 2009 dictado en recurso 1863/2006 y de 14 de julio de 2010 dictado en recurso 4534/2004) ha venido señalando que la fijación en sentencia o auto de la cuantía de las costas que pueden ser reclamadas por la parte beneficiada de las mismas, conforme al artículo 139.3 de la Ley de la Jurisdicción Contencioso-Administrativa, hace inviable la reducción de la misma, ya que la Sala, al fijarlas, ya tomó en consideración la importancia del asunto y el trabajo realizado por el letrado de la parte recurrida».

Auto del Tribunal Supremo, rec. 5562/2019, de 10 de junio de 2021, ECLI:ES:TS:2021:8424A

«[...] fijado en la providencia un límite máximo de la condena en costas, no puede entenderse excesiva una minuta que no lo sobrepasa, como es el caso. Reiterada doctrina de esta Sala [véanse los autos de 22 de junio de 2006 (casación 4987/2001); 26 de septiembre de 2008 (casación para unificación de doctrina 68/2002); 16 de octubre de 2008 (casación 4609/2002); 9 de julio de 2009 (casación 1863/2006); 14 de julio de 2010 (casación 4534/2004); y 2 de junio de 2016 (casación 537/2015)] ha señalado que la fijación en resolución de la cuantía de las costas que pueden ser reclamadas por la parte beneficiada de las mismas, conforme al artículo 139.3 de la LJCA, hace inviable la reducción de la misma, ya que la Sala, al fijarlas, tomó en consideración la importancia del asunto y el trabajo realizado por el letrado de la parte que las ganó, máxime, si hubo personación con oposición de la Administración recurrida».

De toda la doctrina y jurisprudencia expuesta anteriormente parece desprenderse su **inaplicación en la actualidad con la nueva redacción del artículo 139.4 de la LJCA**, si bien resulta interesante lo que el **Tribunal Superior de Justicia de la Comunidad Valenciana** señala al respecto en su **sentencia n.º 651/2024, de 22 de noviembre, ECLI:ES:TSJCV:2024:5659:**

«En la Jurisdicción contencioso-administrativa rige, como regla general aplicable el criterio objetivo del vencimiento, (art. 139.1 LJCA) por lo que procede imponer expresamente las costas causadas a la parte recurrente. Y al amparo de la posibilidad establecida en el artículo 139.4 LJCA (que citamos en la nueva redacción dada al mismo por el Real Decreto-Ley 6/2023, de 19 de diciembre), "En primera o única instancia, la parte condenada en costas estará obligada a pagar una cantidad total que no exceda de la tercera parte de la cuantía del proceso, por cada uno de los favorecidos por esa condena; a estos solos efectos, las pretensiones de cuantía indeterminada se valorarán en 18.000 euros, salvo que, por razón de la complejidad del asunto, el tribunal disponga razonadamente otra cosa". **Esta nueva redacción parece impedir la aplicación del criterio que hasta ahora había mantenido esta Sala de señalar siempre una cantidad máxima a reclamar en concepto de costas».**

A pesar de la apreciación anterior, el TSJ continúa resaltando dos pronunciamientos del Tribunal Supremo en los que se aplica la nueva redacción del artículo 139.4 de la LJCA y, aun así, declara el TSJ de la Comunidad Valenciana que «*(...) han establecido la posibilidad de que el órgano judicial resuelva en primera y única instancia* **pueda seguir limitando las costas,** *criterio que se asume por este Juzgado en garantía de la parte procesal que finalmente tenga que asumir la condena en costas, en el sentido de mantener la existencia de una LIMITACIÓN DE CUANTÍA respecto a las costas».*

En relación con lo anterior, cabe traer a colación el **auto del Tribunal Supremo, rec. 411/2024, de 3 de julio de 2024, ECLI:ES:TS:2024:8687A,** que prevé:

«De conformidad con el artículo 139.1 de la Ley de la Jurisdicción, procede imponer las costas a la Administración recurrente. A tal efecto, la Sala, haciendo uso de la facultad reconocida en el apartado 4 de ese precepto legal, señala como cifra máxima a que asciende la imposición de costas por todos los conceptos la de 600€. Para la fijación de la expresada cantidad se tienen en cuenta los criterios seguidos habitualmente por esta Sala en razón de las circunstancias del asunto y de la dificultad que comporta».

Asimismo, señala el **auto del Tribunal Supremo, rec. 317/2024, de 9 de julio de 2024, ECLI:ES:TS:2024:9410A:**

«1. En cuanto a las costas de este incidente, de conformidad con el artículo 139.1 de la LJCA, se imponen a la parte recurrente al no haber razón para advertir dudas de hecho o Derecho.
2. A los efectos del artículo 139.4 de la LJCA, tras su reforma por el Real Decreto-ley 6/2023, de 19 de diciembre (artículo 102.30), las costas procesales, por todos los conceptos, no podrán exceder de 1000 euros».

¿En qué consiste la reducción de las costas hasta la tercera parte de la cuantía del pleito?

La ley reguladora de la jurisdicción administrativa tiene sus previsiones específicas sobre la imposición de costas (y sus límites) en el artículo 139 de la LJCA .

La modificación del apartado 4 del mencionado artículo 139 de la LJCA **ha sido una de las novedades más destacadas de la reforma introducida por el Real Decreto-ley 6/2023, de 19 de diciembre.**

Así, desde el 20/03/2024, se prevé que, en primera o única instancia, la parte condenada en costas estará obligada a pagar una cantidad total que no exceda de la tercera parte de la cuantía del proceso, por cada uno de los favorecidos por esa condena.

Tras la lectura del primer apartado de la nueva redacción del artículo 139.4 de la LJCA **se puede observar una equiparación al artículo 394.3 de la LEC**, que anteriormente no se podía realizar ya que el Tribunal Supremo había señalado expresamente que la aplicación de la LEC en este punto se limitaba al ámbito civil, y así lo recogía **en su auto rec. 2834/2019, de 1 de octubre de 2020, ECLI:ES:TS:2020:8463A:**

> «Recuérdese que es criterio de la Sala considerar que el artículo 394.3 de la LEC invocado por la parte impugnante, sólo es posible su aplicación de forma supletoria, es decir será de aplicación en lo que no esté previsto en la propia regulación del proceso, lo que no ocurre en el presente caso, puesto que la Ley de la Jurisdicción Contencioso-Administrativa señala en su artículo 90.8 (redacción dada por la Disposición Final Tercera de la Ley Orgánica 7/2015 de 21 de julio por la que se modifica la Ley Orgánica 6/1985, de 1 de julio del Poder Judicial) que "La inadmisión a trámite del recurso de casación comportará la imposición de las costas a la parte recurrente, pudiendo tal imposición ser limitada a una parte de ellas o hasta una cifra máxima", lo que implica que la imposición de costas en el presente caso es una facultad ejercida por la Sala a la que viene habilitada por el artículo 90.8 y 139.4 de la LJCA, sin que sea necesario acudir a la regulación de la LEC ni, por ello, resulta de aplicación su artículo 394. 3, en cuya vulneración se basa el recurso de revisión interpuesto».

En cuanto a las pretensiones de **cuantía indeterminada se valorarán en 18.000 euros, salvo que, por razón de la complejidad del asunto, el tribunal disponga razonadamente otra cosa.**

Asimismo, se faculta al juez, en los recursos, y sin perjuicio de lo dispuesto anteriormente, para imponer las costas «a la totalidad, a una parte de estas o hasta una cifra máxima». Esta facultad, inexistente en otros órdenes jurisdiccionales, es la que permite al juez administrativo ponderar si, en el caso concreto, la imposición de costas lo ha de ser a la totalidad o con ciertos límites; ello sin subordinación alguna a cuál sea la cuantía del pleito.

JURISPRUDENCIA

Auto del Tribunal Supremo, rec. 52/2012, de 20 de noviembre de 2014, ECLI:ES:TS:2014:10407A

No es posible aplicar al orden contencioso-administrativo el artículo 394 de la LEC en materia de costas de forma supletoria.

«(...) no se ha producido la vulneración del artículo 394 de la LEC al no ser posible su aplicación, pues esta solo es aplicable de forma supletoria, como dispone la disposición final primera de la vigente LRJCA, en lo no previsto por la regulación propia del proceso, lo que no ocurre en el presente caso, toda vez que la ley jurisdiccional tiene su propia regulación, que ha sido precisamente la tenida en cuenta por la sentencia de cuya ejecución ahora se trata, al limitar la cantidad máxima a reclamar por la parte recurrida por todos los conceptos, de conformidad con lo dispuesto en el artículo 139.3 de esta última Ley (en el mismo sentido, ATS de 30 de octubre de 2014 —recurso de casación número 3466/2011—)».

> **Sentencia del Tribunal Superior de Justicia de Madrid, rec. 153/2017, de 25 de mayo de 2017, ECLI:ES:TSJM:2017:6262**
>
> *«Interesa, además, señalar que no se ha producido la alegada vulneración del artículo 394.3 de la Ley de Enjuiciamiento Civil al no ser posible su aplicación, pues esta Ley solo es aplicable de forma supletoria, como dispone la disposición final primera de la vigente LRJCA, en lo no previsto por la regulación propia del proceso, lo que no ocurre en el presente caso, toda vez que la ley jurisdiccional tiene su propia regulación, que ha sido precisamente la tenida en cuenta por la sentencia de cuya ejecución ahora se trata, al limitar la cantidad máxima a reclamar por la parte recurrida por todos los conceptos, de conformidad con lo dispuesto en el artículo 139.3 de esta última Ley (en el mismo sentido, AATS de 30 de octubre de 2014 —recurso de casación número 3466/2011— y de 20 de noviembre de 2014 —recurso para el reconocimiento de error judicial número 52/2012—)».*

A TENER EN CUENTA. Las referencias al artículo 139.3 de la LJCA han de entenderse hechas al artículo 139.4 de la LEC tras la introducción del nuevo apartado 3 por la reforma operada por la LO 7/2015, de 21 de julio, en vigor a partir del 22 de julio de 2016.

Plazo para pedir la tasación de costas en el orden contencioso-administrativo

El plazo que opera para pedir la tasación de las costas es el del apartado 2 del artículo 1964 del Código Civil: «Las acciones personales que no tengan plazo especial **prescriben a los cinco años** desde que pueda exigirse el cumplimiento de la obligación. En las obligaciones continuadas de hacer o no hacer, el plazo comenzará cada vez que se incumplan».

Desde la modificación del referido artículo por la Ley 42/2015, de 5 de octubre, el plazo de cinco años para instar la tasación de las costas se iguala al del orden jurisdiccional civil (art. 518 de la LEC) . Pero hay que tener en cuenta que, **en el orden jurisdiccional civil, el plazo de cinco años es de caducidad y, en el orden jurisdiccional contencioso-administrativo, es de prescripción.**

> **JURISPRUDENCIA**
>
> **Auto del Tribunal Supremo, rec. 1255/1999, de 10 de junio de 2010, ECLI:ES:TS:2010:7624A**
>
> *«Una reiteradísima doctrina de esta Sala Tercera (de la que es muestra reciente la sentencia de 16 de enero de 2009, casación 3822/2000, que, a su vez, cita otras muchas anteriores), viene declarando que el plazo aplicable a esta clase de reclamaciones se rige por los artículos 1964 y 1971 del Código civil y, por esta razón, ha de aplicarse el de quince años [desde la modificación por la Ley 42/2015, de 5 de octubre el plazo es de 5 años] a contar desde que la sentencia quedó firme».*

2.4. Inclusión de los honorarios, derechos y aranceles en la tasación de costas en el orden contencioso

Honorarios, derechos y aranceles de los abogados intervinientes en el proceso del orden contencioso-administrativo

Los honorarios del abogado únicamente se incluirán en la tasación de costas cuando su intervención sea preceptiva, tal y como lo disponen los **artículos 32.5 y 241.1.1.º de la LEC** .

> **A TENER EN CUENTA.** El apartado 5 del artículo 32 de la LEC ha sido modificado por la LO 1/2025, de 2 de enero, con efectos a partir del 3 de abril de 2025.

En el orden jurisdiccional contencioso-administrativo será siempre preceptiva la intervención de abogado, excepto para el caso de los funcionarios públicos, que podrán intervenir por sí mismos, en defensa de sus derechos estatutarios, cuando se refieren a cuestiones de personal que no impliquen separación de empleados públicos inamovibles **(artículo 23 de la LJCA)**.

Debemos tener en cuenta que, en este orden jurisdiccional, una de las partes del procedimiento siempre será la Administración pública, quien, de acuerdo con lo previsto por el **artículo 551 de la LOPJ,** comparecerá por medio de su defensor, el cual actuará, a su vez, como representante legal:

- **Abogados del Estado** integrados en el Servicio Jurídico del Estado. Les corresponde la representación y defensa del Estado y de sus organismos autónomos, así como la representación y defensa de los órganos constitucionales cuyas normas internas no establezcan un régimen especial. También podrán representar y defender a los restantes organismos y entidades públicos, sociedades mercantiles estatales y fundaciones con participación estatal, en los términos contenidos en la Ley 52/1997, de 27 de noviembre, de Asistencia Jurídica al Estado e Instituciones Públicas y disposiciones de desarrollo.

- **Letrados de la Administración de la Seguridad Social** integrados en el Servicio Jurídico de la Administración de la Seguridad Social. Les corresponde la representación y defensa de las entidades gestoras, servicios comunes y otros organismos o entidades de naturaleza pública que, conforme a la ley, integran la Administración de la Seguridad Social, sin incluir, en consecuencia, la de las mutuas colaboradoras de la Seguridad Social. De acuerdo con lo que reglamentariamente se determine, tales funciones puedan ser encomendadas a un **abogado colegiado** especialmente designado al efecto.

- **Letrados de las Cortes Generales** integrados en las secretarías generales respectivas. Les corresponde la representación y defensa de las Cortes Generales, del Congreso de los Diputados, del Senado, de la Junta Electoral Central y de los órganos e instituciones vinculados o dependientes de aquellas.

- **Letrados de los servicios jurídicos de las comunidades autónomas y de los entes locales.** Les corresponde la representación y defensa de dichas Administraciones públicas, salvo que designen **abogado colegiado** que les represente y defienda. **Los abogados del Estado** podrán representar y defender a las comunidades autónomas y a los entes locales en los términos contenidos en la Ley 52/1997, de 27 de noviembre, de Asistencia Jurídica al Estado e Instituciones Públicas y su normativa de desarrollo.

Por lo tanto, en la jurisdicción administrativa se podrán incluir en la tasación de costas los honorarios del abogado, salvo en el excepcional caso en que no es preceptivo: funcionarios públicos en defensa de sus derechos estatutarios, que no impliquen separación del servicio. Así lo recoge el **auto de la Audiencia Nacional, rec. 217/2004, de 1 de julio de 2005, ECLI:ES:AN:2005:207A:**

> «De manera que, refiriéndose la controversia dilucidada en el proceso a una cuestión de personal de la naturaleza expresada en dicho precepto, y no siendo imperativa, por tanto, la postulación procesal valiéndose de procurador y letrado para la defensa de los derechos de los codemandados, tampoco cabe la inclusión en la tasación de costas de los honorarios y derechos de los mismos».

Con todo, hay que tener siempre en cuenta las excepciones del **artículo 32.5 de la Ley de Enjuiciamiento Civil** . Es verdad que este precepto señala que «cuando la intervención de abogado y procurador no sea preceptiva, de la eventual condena en costas de la parte contraria a la que se hubiese servido de dichos profesionales se excluirán los derechos y honorarios devengados por los mismos».

A TENER EN CUENTA. El artículo 32.5 de la LEC ha sido modificado por la LO 1/2025, de 2 de enero, con efectos a partir del 3 de abril de 2025, incorporando la referencia al abuso del servicio público de justicia junto a la temeridad como excepción a la exclusión de los honorarios de los/las profesionales de la abogacía o de la procura de la condena en costas cuando su intervención no sea preceptiva. Asimismo, incorpora un nuevo párrafo relativo al consumidor que se vale de los citados profesionales aun cuando no es preceptiva su intervención.

Sin embargo, ese mismo precepto establece dos excepciones en las que la condena en costas sí tendría contenido económico, pese a no ser preceptiva la intervención de abogado ni de procurador:

1. Si el juez aprecia temeridad o abuso del servicio público de justicia en la conducta del condenado en costas.

2. Si el domicilio de la parte representada y defendida está en partido judicial distinto a aquel en que se haya tramitado el juicio.

Esta última situación es frecuente en las secciones correspondientes al Tribunal Central de Instancia, puesto que la competencia sobre determinadas cuestiones de personal afecta a funcionarios de toda España, domiciliados fuera de Madrid, que es donde se encuentran dichas secciones. En tales casos, los funcionarios pueden venir representados y defendidos por profesionales, cuyos honorarios, derechos y aranceles se podrían incluir en la tasación de costas.

> **A TENER EN CUENTA**. La referencia hecha a las secciones correspondientes al Tribunal Central de Instancia viene a sustituir la referencia a los juzgados centrales que desaparecen tras la modificación introducida en la organización judicial por la LO 1/2025, de 2 de enero, con entrada en vigor el 23/01/2025. A estos efectos cabe tener presente lo previsto en la disposición adicional primera de la citada ley, así como la disposición transitoria segunda conforme a la cual:

«El día 31 de diciembre de 2025, el Tribunal Central de Instancia se constituirá a través de la trasformación de los actuales Juzgados Centrales en las Secciones del Tribunal Central de Instancia que se correspondan con las materias de las que aquellos estén conociendo. Los jueces, juezas, magistrados y magistradas de dichos Juzgados Centrales pasarán a ocupar la plaza en la Sección respectiva con la misma numeración cardinal del Juzgado de procedencia y seguirán conociendo de todos los asuntos que tuvieran atribuidos en el mismo».

Además de los supuestos mencionados, tras la modificación del artículo 32.5 de la LEC por la LO 1/2025, de 2 de enero, se contempla lo siguiente:

«En el caso en el que, pese a no ser preceptiva la intervención de abogado o abogada ni de procurador o procuradora, el consumidor opte por valerse de estos profesionales para interponer demanda tras haber formulado una reclamación extrajudicial previa, en la tasación de costas se incluirá la cuenta del procurador y la minuta del abogado, en este último caso sin el límite establecido en el artículo 394.3».

Respecto al importe de los honorarios que han de incluirse en la tasación de costas, debe procederse con especial moderación al fijarlos, siempre sin perjuicio de que el letrado pueda percibir de su cliente cuantías no repercutidas a la parte contraria. En este sentido se pronuncia el **auto del Tribunal Supremo, rec. 644/2007, de 22 de febrero de 2012, ECLI:ES:TS:2012:1933A**:

«Debe resaltarse, así mismo, que esta Sala viene repetidamente declarando que en los supuestos de imposición de costas debe procederse con especial moderación al fijar los honorarios de los letrados, sin perjuicio de que estos puedan percibir de su propio cliente los honorarios no repercutidos a la parte contraria. Expresamente indica la disposición general octava de las normas a que nos referimos que la condena en costas no implica una inversión de la carga del pago de los honorarios del letrado, que corresponde al propio cliente, y también establece que los pactos entre letrado y cliente no vinculan al condenado en costas.

A ello hay que añadir que tales normas tienen un carácter meramente orientador y no resultan vinculantes para los órganos jurisdiccionales, a los que corresponde su determinación en caso de impugnación conforme establece el artículo 246.3.º de la Ley de Enjuiciamiento Civil de 7 de enero de 2000, a cuyo efecto ha de atenderse a las circunstancias concurrentes en el proceso en que se hayan devengado, tales como el trabajo profesional realizado, su mayor o menor complejidad, el interés y la cuantía económica del asunto, tiempo de trabajo, alcance y efectos en el desarrollo del proceso, entre otras».

En este mismo sentido, puede verse el **auto del Tribunal Supremo, rec. 2603/2012, de 21 de enero de 2016, ECLI:ES:TS:2016:407A:**

«La evaluación del trabajo profesional de los abogados, del abogado del Estado y de los letrados de los servicios jurídicos de las Administraciones de las comunidades autónomas, ha de guardar concordancia con los servicios realmente prestados con adaptación a la naturaleza del procedimiento, teniendo en cuenta para su reconocimiento no un módulo cuantitativo fijo que opere automáticamente, sino una serie de factores o circunstancias tales como el trabajo profesional realizado, su mayor o menor complejidad técnica, en relación con la importancia objetiva de los intereses en juego y la cuantía económica del pleito tiempo que requirió normalmente emplear, y los resultados obtenidos, en mérito de los servicios profesionales prestados, alcance y efectos posteriores».

Honorarios, derechos y aranceles de los procuradores intervinientes en el proceso del orden contencioso-administrativo

En lo referente a los derechos y aranceles del procurador, regirá la misma norma que para la tasación de las costas del abogado. De acuerdo con el **artículo 241 de la LEC,** solo se incluirán cuando la representación sea preceptiva o, aun no siéndolo, se dé alguna de las circunstancias previstas en el **artículo 32.5 de la LEC:** que el juez aprecia temeridad o abuso del servicio público de justicia en la conducta del condenado en costas o el domicilio de la parte representada y defendida está en partido judicial distinto a aquel en que se haya tramitado el juicio.

A TENER EN CUENTA. El artículo 32.5 de la LEC ha sido modificado por la LO 1/2025, de 2 de enero, con efectos a partir del 3 de abril de 2025, incorporando la referencia al abuso del servicio público de justicia junto a la temeridad como excepción a la exclusión de los honorarios de los/las profesionales de la abogacía o de la procura de la condena en costas cuando su intervención no sea preceptiva. Asimismo, incorpora un nuevo párrafo relativo al consumidor que se vale de los citados profesionales aun cuando no es preceptiva su intervención.

Sobre cuándo es preceptiva la intervención de procurador, dependerá de si nos encontramos ante un órgano unipersonal o colegiado:

- **Órganos unipersonales.** De acuerdo con el **artículo 23.1 de la LJCA,** en sus actuaciones ante órganos unipersonales, las partes **«podrán»**

conferir su representación a un procurador y serán asistidas, en todo caso, por abogado.

– **Órganos colegiados**. El apartado 2 del artículo 23 de la LJCA señala que, en sus actuaciones ante órganos colegiados, **las partes «deberán» conferir su representación a un procurador** y ser asistidas por abogado.

En resumidas cuentas, ante los órganos unipersonales no es obligado estar representado por procurador. Por consiguiente, y a salvo las excepciones del artículo 32.5 de la LEC a que antes nos referimos, los gastos procesales que su intervención genere a la parte no se incluirán en la tasación de costas. Por el contrario, ante los órganos colegiados, las partes deben estar, inexcusablemente, representadas por procurador, por lo que en estos casos sí se incluirán en la tasación de costas los derechos y aranceles devengados por el procurador.

CUESTIÓN

Si una Administración pública, que puede ser representada por su defensor, comparece ante un órgano colegiado con procurador y gana con costas, ¿se incluirán los derechos del procurador en la tasación?

La respuesta es no. El asunto fue resuelto por el ATS, rec. 4005/2008, de 19 de junio de 2012, ECLI:ES:TS:2012:7391A:

«(...) es ahora el momento de resolver acerca de las cuestiones pendientes y que es preciso dilucidar. En realidad, se resumen en una sola: Determinar si en el caso de que una Administración pública decida comparecer en un proceso representada por procurador si se produce condena en costas favorable a la Administración, la parte condenada al abono de las mismas debe satisfacer los derechos devengados conforme al arancel por el procurador designado voluntariamente por la Administración.

(...)

De acuerdo con lo expuesto el artículo 551.1 de la Ley Orgánica del Poder Judicial expresa, en lo que interesa, que: "La representación y defensa del Estado y de sus organismos autónomos, así como la representación y defensa de los órganos constitucionales, cuyas normas internas no establezcan un régimen especial propio, corresponderá a los abogados del Estado integrados en el servicio jurídico del Estado". Se extiende ese precepto también a otros supuestos en los que los miembros del cuerpo de abogados del Estado representan y defienden "a los restantes organismos y entidades públicas, sociedades mercantiles estatales y fundaciones con participación estatal, en los términos contenidos en la Ley 52/1997, de 27 de noviembre, de Asistencia Jurídica al Estado e Instituciones Públicas y disposiciones de desarrollo". Y contiene también excepciones a ese principio general como ocurre "con las entidades gestoras y de la Tesorería General de la Seguridad Social que corresponderá a los letrados de la Administración de la Seguridad Social", y las Cortes Generales, del Congreso de los Diputados, del Senado, de la Junta Electoral Central y de los órganos e instituciones vinculados o dependientes de aquellas "que corresponderá a los letrados de las Cortes Generales integrados en las secretarías generales respectivas".

Por su parte ese mismo artículo 551 de la Ley Orgánica del Poder Judicial en su apartado 3, dispone que: "La representación y defensa de las comunidades autónomas y las de los entes locales corresponderán a los letrados que sirvan en los servicios jurídicos de dichas Administraciones públicas, salvo que designen abogado colegiado que les represente y defienda". Y Por lo que hace a los entes locales y en cuanto a la representación y defensa en juicio de los mismos, a ese precepto de la Ley

Orgánica del Poder Judicial se remiten los artículos 54.1 del Texto Refundido de las disposiciones legales vigentes en materia de Régimen Local, Real Decreto Legislativo 781/1986 de 18 abril 1986, y el artículo 221.2 del Real Decreto 2568/1986, de 28 de noviembre, por el que se aprobó el Reglamento de Organización, Funcionamiento y Régimen Jurídico de las Entidades Locales. Por su parte la Ley 52/1997 de 27 noviembre, de Asistencia Jurídica al Estado e Instituciones públicas dedica el artículo 13.1 a las costas, y manifiesta que: "La tasación de las costas en que fuere condenada la parte que actúe en el proceso en contra del Estado, sus organismos públicos, los órganos constitucionales o personas defendidas por el abogado del Estado, se regirá, en cuanto a sus conceptos e importe, por las normas generales, con inclusión, en su caso, de los correspondientes a las funciones de procuraduría". Para disponer en su disposición adicional cuarta 2 que el artículo 13.1 "será de aplicación a las comunidades autónomas".

De todo ello resulta que, en todo caso, las comunidades autónomas para comparecer en juicio no necesitan de procurador puesto que sus letrados, como sucede en el caso del abogado del Estado, asumen la representación y defensa de la Comunidad, y otro tanto sucede con las corporaciones locales, ya que aún en el supuesto de que no utilicen sus servicios jurídicos y designen abogado colegiado, el mismo, según expresa la ley, asume su representación y defensa.

En estas circunstancias es claro que en este asunto la presencia en el recurso de ambos procuradores, representando a la comunidad autónoma y a la corporación local, es fruto de una decisión que solo es imputable a las Administraciones que así lo acordaron, de modo que el abono de los derechos devengados por los procuradores no deberá recaer sobre quien interpuso el recurso.

(...) Ello sin perjuicio de que los citados profesionales puedan exigir de las respectivas Administraciones públicas que contrataron sus servicios las cantidades reclamadas conforme al arancel vigente en el momento del devengo».

Esta doctrina del Pleno de la Sala 3.ª se reprodujo en posteriores autos del Alto Tribunal como, por ejemplo, rec. 6569/2009, de 20 de julio de 2012, ECLI:ES:TS:2012:8009A; rec. 1868/2011, 10 de octubre de 2012, ECLI:ES:TS:2012:9543A, o, rec. 2878/2009, de 20 de diciembre de 2012, ECLI:ES:TS:2012:12475A.

3.
LA CONDENA Y TASACIÓN DE COSTAS EN EL ORDEN PENAL

La condena en costas en el orden penal

La regulación de las costas en el orden jurisdiccional penal se contiene en los artículos 239 y siguientes de la LECrim y en el capítulo III, del título V, del libro I, del Código Penal, que engloba dos únicos artículos: el 123 y 124. Estos disponen lo siguiente:

Artículo 123 del CP
«Las costas procesales se entienden impuestas por la ley a los criminalmente responsables de todo delito».
Artículo 124 del CP
«Las costas comprenderán los derechos e indemnizaciones ocasionados en las actuaciones judiciales e incluirán siempre los honorarios de la acusación particular en los delitos solo perseguibles a instancia de parte».

> **JURISPRUDENCIA**
>
> **Sentencia del Tribunal Supremo n.º 730/2014, de 5 de noviembre, ECLI:ES:TS:2014:4533**
>
> *«El artículo 240 de la LECrim dispone en el párrafo segundo de su apartado segundo, que no se impondrán nunca las costas a los procesados que fueren absueltos. Coincide así con lo dispuesto en el artículo 123 del Código Penal, en el que al establecer que las costas se entienden impuestas por la ley a los criminalmente responsables de todo delito o falta, excluye a los que resulten absueltos, sin hacer distinciones de las razones por las que lo fueron. Es cierto que la condena en costas se basa en la necesidad de resarcir los gastos del proceso y no en el principio de culpabilidad, y también lo es que el proceso ha sido necesario para resolver la cuestión imponiendo, en el caso, una medida privativa de libertad, pero los términos de ambos preceptos son claros al respecto. Así lo ha entendido esta Sala en algunas sentencias, (STS nº 38/2008, de 17 de enero y STS nº 890/2010, de 8 de octubre y muy recientemente en la STS n.º 624/2014, de 30 de setiembre)».*

La catalogación del concepto de costas en el orden jurisdiccional penal la encontramos mucho más detallada en el **artículo 241 de la LECrim,** donde se establece que las costas consistirán en:

- El reintegro del papel sellado empleado en la causa.

– El pago de los derechos de arancel.

– El pago de los honorarios devengados por los abogados y peritos.

– El pago de las indemnizaciones correspondientes a los testigos que las hubieran reclamado, si fueren de abono, así en los demás gastos que se hubiesen ocasionado en la instrucción de la causa.

Con respecto a los testigos, el **artículo 722 de la LECrim dispone** que aquellos testigos que comparezcan a declarar ante el tribunal tendrán derecho a una indemnización, si la reclamasen. El letrado de la Administración de Justicia la fijará mediante decreto, teniendo en cuenta únicamente los gastos del viaje y el importe de los jornales perdidos por el testigo con motivo de su comparecencia para declarar.

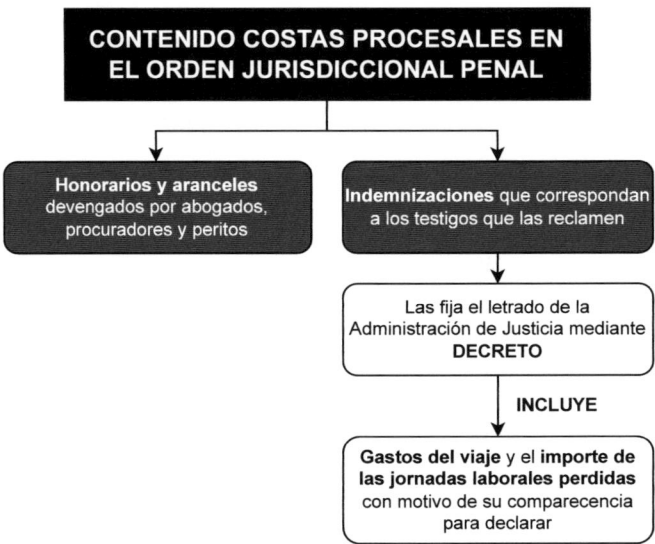

CUESTIONES

1. ¿Se pueden atribuir los gastos de la búsqueda del cadáver de la víctima al acusado a modo de responsabilidad civil?

Sí, el Tribunal Supremo reconoce esta posibilidad en su sentencia n.º 179/2022, de 14 de febrero, ECLI:ES:TS:2022:571, en la que se dice que si bien es la Administración pública la que debe asumir estos gastos tan pronto se producen, podrá repercutir tales gastos en el caso de que se produzca condena en costas si el órgano judicial considera que tales gastos efectivamente forman parte de las costas, especificando que: «(...) Todavía menos problemas interpretativos plantea el artículo 241 LECrim, al incluir su apartado 4.º en las costas "los demás gastos que se hubiesen ocasionado en la instrucción de la causa", lo que sin duda permite comprender en las costas gastos generados por una labor de búsqueda ordenada por el órgano judicial. En este mismo sentido se pronunció la Sala Segunda de este Tribunal Supremo en su sentencia de 29 de enero de 2013 (recurso de casación 10145/2012 P, fundamento de derecho decimoquinto.4). En todo caso, habrá de ser el órgano judicial sentenciador el que determine si unos determinados gastos han de ser considerados costas en el asunto concreto de que se trate».

2. ¿Pueden imponerse las costas en un juicio por delito leve en donde no es preceptiva la intervención de abogado y procurador?

Sí, pueden imponerse las costas. Así lo recoge la *sentencia de la Audiencia Provincial de Madrid n.º 457/2008, de 9 de diciembre, ECLI:ES:APM:2008:20581*, que señala que si bien la sentencia debe realizar el pronunciamiento condenatorio en costas, cuestión distinta sería la fase de ejecución de sentencia, ya que en la tasación no aparecen gastos computables a esos efectos:

«La cuestión así planteada deviene harto difícil de comprender, pues por un lado implica desconocer que las costas han de imponerse por ministerio de la ley a todo responsable de un delito o falta de conformidad con el artículo 123 del Código Penal Las costas procesales se entienden impuestas por la ley a los criminalmente responsables de todo delito o falta"; así lo recuerda la sentencia del Tribunal Supremo n.º 1571/2003 de 25 de noviembre, al establecer que ni siquiera es preciso interesar la condena en costas para que el Tribunal la conceda, en supuestos del condenado (costas causadas en juicio), porque las impone la ley (art. 123 C.P.) . Por otro lado implica igualmente desconocer que las costas no se limitan a los gastos de abogado y procurador; y con ello lo dispuesto en el artículo 241 L.E.Crim "Las costas consistirán: 1.º) En el reintegro del papel sellado empleado en la causa. 2.º) En el pago de los derechos de Arancel.3º) En el de los honorarios devengados por los Abogados y peritos. 4.º) En el de las indemnizaciones correspondientes a los testigos que las hubiesen reclamado, si fueren de abono, y en los demás gastos que se hubieren ocasionado en la instrucción de la causa". Cuestión distinta es que en la fase de ejecución de sentencia y al realizarse la tasación de costas por el Secretario Judicial no aparezca la existencia de ningún gasto computable a efectos de costas procesales, mas ello no implica que en la sentencia no deba realizarse el pronunciamiento condenatorio impuesto por el citado artículo 123 del Código Penal ».

Asimismo, de acuerdo con la doctrina mayoritaria, no se debe entender que la imposición de costas en el orden jurisdiccional penal tenga un carácter punitivo, sino el resarcimiento de los gastos procesales indebidamente soportados por la parte perjudicada en el proceso.

JURISPRUDENCIA

Sentencia del Tribunal Supremo n.º 200/2023, de 21 de marzo, ECLI:ES:TS:2023:1216

«Previamente es necesario destacar que pese a la confusa regulación de las costas en el proceso penal, tanto la doctrina procesalista actual como la jurisprudencia coinciden en destacar su naturaleza procesal, cuyo fundamento no es el punitivo, sino el resarcimiento de los gastos procesales indebidamente soportados por la parte perjudicada por el proceso, bien sea el acusador particular, la privada o el actor civil, que representan a la víctima o perjudicado y deben ser resarcidos de gastos ocasionados por la conducta criminal del condenado; bien el condenado absuelto en casos de acusaciones infundadas o temerarias (art. 240.3 LECrim). Por ello la condena en costas no se concibe ya como sanción sino como resarcimiento de gastos procesales».

3.1. Procedimiento de tasación de costas en el orden penal

Procedimiento de la tasación de costas en el orden penal

En primer lugar, debemos tener en cuenta que, para la imposición de costas en el orden jurisdiccional penal, se tienen en cuenta dos criterios:

– El criterio objetivo o de vencimiento.

– **El criterio subjetivo de la temeridad o mala fe** atendiéndose al caso concreto.

De acuerdo con los artículos 239 y siguientes de la LECrim, los autos o sentencias que pongan fin a una causa deberán resolver sobre el pago de las costas procesales. La meritada resolución podrá consistir en:

– Declarar las costas de oficio.

– Condenar a su pago a los procesados, señalando la parte proporcional por la que cada uno de ellos debe responder, en caso de que fueran varios. No se impondrán nunca las costas a los procesados que fueren absueltos.

– Condenar al pago de las costas al querellante particular o actor civil, cuando resultare de las actuaciones que han obrado con temeridad o mala fe.

Es importante recalcar que no es preciso instar la condena en costas para que el tribunal las conceda en los casos del condenado, porque las impone la ley, a través del art. 123 del Código Penal, ni tampoco las de la acusación particular en los delitos perseguibles a instancia de parte por estar también impuestas en el art. 124 del Código Penal, sin embargo, cuando se trate de las costas de la acusación particular en los demás delitos, o de las costas que puedan imponerse a los querellantes por haber sostenido pretensiones temerarias frente al acusado sí deberán ser solicitadas expresamente, pues de lo contrario el tribunal que las impusiera incurriría en un exceso sobre lo solicitado o *extra petita* (STS n.º 200/2023, de 21 de marzo, ECLI:ES:TS:2023:1216).

CUESTIONES

1. Si una sentencia firme en el orden penal no hace pronunciamiento expreso sobre las costas, el acusado es absuelto y ya ha transcurrido el plazo para solicitar aclaración o ampliación de sentencia, ¿su abogado puede solicitar que se impongan las costas a la acusación particular?

No, porque la sentencia no realiza ningún pronunciamiento expreso sobre la imposición de costas a la acusación particular.

2. El abogado de la defensa en un procedimiento penal en el que se ha condenado a la parte contraria y se han declarado de oficio las costas, ¿puede imputar sus minutas a la parte contraria?

No, el cliente de la defensa deberá pagarle sus honorarios, salvo que sea beneficiario del derecho a la asistencia jurídica gratuita.

‖ Imposición de costas de oficio

La imposición de costas de oficio supone que no habrá lugar al pago de las cantidades relativas al reintegro del papel sellado empleado en la causa ni de los derechos de arancel, si bien las partes deberán asumir, a pesar de ello y salvo que gocen del beneficio de justicia gratuita, los gastos de los procuradores y abogados que les hubieren representado y defendido, y el abono de los derechos, honorarios e indemnizaciones de los peritos y testigos que hayan declarado a su instancia. Estos honorarios se reclamarán al juez o tribunal que haya conocido la causa.

Se procederá a la exacción de los mismos por la vía de apremio si, presentadas las respectivas reclamaciones y hechas saber a las partes, no pagasen estas en el término prudencial que el letrado de la Administración de Justicia señalase, ni tampoco tacharen las mismas por excesivas o indebidas. En estos casos el art. 242 de la LECrim contiene una remisión a la LEC.

CUESTIÓN

¿Cómo se acreditan las cantidades previstas en el artículo 241 de la LECrim?

De acuerdo con el artículo 242 de la LECrim, los honorarios de abogados y peritos se acreditarán por minutas firmadas por los que los hubiesen devengado. Las indemnizaciones de los testigos se computarán por la cantidad que oportunamente se hubiese fijado en la causa. Los demás gastos serán regulados por el letrado de la Administración de Justicia, con vista de los justificantes.

Respecto de cuándo procede la condena en las costas de la instancia contra el acusado, obedece a un principio muy claro: la condena en costas del condenado penal y la declaración de oficio cuando esa condena penal no se produjo.

‖ Imposición al condenado de las costas de la acusación particular

De acuerdo con la jurisprudencia mayoritaria, las costas de la acusación particular han de incluirse entre las impuestas al condenado, a menos que las pretensiones de aquel sean desproporcionadas, erróneas o heterogéneas en relación con las deducidas por el Ministerio Fiscal.

Tal y como concluye el Tribunal Supremo en su **STS n.º 136/2024, de 14 de febrero, ECLI:ES:TS:2024:928**, la imposición de costas de la acusación particular puede resumirse en los siguientes 5 criterios:

«1) La condena en costas por delitos sólo perseguibles a instancia de parte incluyen siempre las de la acusación particular (art. 124 C. Penal) .

2) La condena en costas por el resto de los delitos incluyen como regla general las costas devengadas por la acusación particular o acción civil.

3) La exclusión de las costas de la acusación particular únicamente procederá cuando su actuación haya resultado notoriamente inútil o superflua o bien haya formulado peticiones absolutamente heterogéneas respecto de las conclusiones aceptadas en la sentencia.

4) Es el apartamiento de la regla general citada el que debe ser especialmente motivado, en cuanto que hace recaer las costas del proceso sobre el perjudicado y no sobre el condenado.

5) La condena en costas no incluye las de la acción popular (SSTS. 464/2007 de 30.5, 717/2007 de 17.9, 750/2008 de 12.11)».

JURISPRUDENCIA

Sentencia del Tribunal Supremo n.º 244/2023, de 30 de marzo, ECLI:ES:TS:2023:1365

«Conforme a la jurisprudencia mayoritaria de esta Sala, abandonando el criterio de la relevancia, las costas del acusador particular han de incluirse entre las impuestas al

condenado, salvo que las pretensiones de aquel sean manifiestamente desproporcionadas, erróneas o heterogéneas en relación a las deducidas por el Ministerio Fiscal, o a las recogidas en la sentencia, exigiéndose el razonamiento explicativo sólo en los casos en los que se deniegue su imposición. Lo cual implica entender que el artículo 123 CP se refiere a todas las costas, incluyendo las de la acusación particular, cuando proceda. (STS 624/2020, de 19 de noviembre).

De otro lado, esta Sala tiene declarado que "es necesario que haya mediado solicitud expresa relativa a la condena en las costas de la acusación particular, pues las costas no tienen carácter de sanción o penalización, sino de compensación indemnizatoria por los gastos que se ha visto obligada a soportar la parte, por lo que —de procederse de otro modo— el Tribunal incurriría en un exceso respecto de lo solicitado; señalando además que una condena en las costas de la acusación particular, sin haber sido peticionada, produciría una imposibilidad de defensa de la parte condenada, por no haber tenido oportunidad de conocer esa pretensión y, por ende, de alegar contra ella lo que a su derecho conviniera (STS 560/02, de 27-3, 744/02, de 23-4; 1571/03, de 25-11; 911/06, de 2-10 135/11, 15-3 o 774/12, de 25-10 entre muchas otras). En todo caso, hemos declarado además que se aprecia la petición de parte cuando la acusación solicita del Tribunal una condena genérica en las costas del proceso (STS 560/02, de 27-3 o 1351/02, de 19-7), sin que la falta de argumentación suponga otra cosa que la pérdida de la oportunidad de la parte de hacer llegar al Tribunal las razones jurídicas en las que hace descansar su pretensión y, con ello, malograr la mejor coyuntura para convencer de la bondad de su razón de pedir", (STS n.º 1000/2016, de 17 de enero de 2017)».

CUESTIONES

1. ¿Es necesaria la petición expresa a las costas ocasionadas por la acusación particular?

La jurisprudencia mayoritaria siempre ha declarado que es necesario que haya mediado solicitud expresa relativa a la condena en las costas de la acusación particular, pues las costas, como ya hemos señalado anteriormente, no tienen carácter de sanción o penalización, sino de compensación indemnizatoria por los gastos que se ha visto obligada a soportar la parte, por lo que, de procederse de otro modo, el tribunal incurriría en un exceso respecto de lo solicitado. Además, como señala nuestro Alto Tribunal en reiteradas sentencias, una condena en costas de la acusación particular sin haber sido solicitada produciría una imposibilidad de defensa de la parte condenada, por no haber tenido oportunidad de conocer esa pretensión y, por ende, de alegar contra ella lo que a su derecho conviniera.

2. La expresión utilizada habitualmente solicitando la absolución «con todos los pronunciamientos favorables», ¿puede entenderse como una solicitud también de la condena en costas?

No, y así lo aclara la *STS n.º 200/2023, de 21 de marzo, ECLI:ES:TS:2023:1216*, que recoge expresamente que es: «(...) doctrina mayoritaria de la Sala 2.ª (vid. SSTS 43/2021, de 21-1, con cita SSTS 114/2016, de 22-2; 410/2016, de 12-5; 168/2018, de 11-4; 662/2018, de 17-2) y seguida en STS 297/2022, de 24-5, que al analizar si la petición expresa de la imposición de costas debe entenderse englobada en la petición de absolución con todos los pronunciamientos favorables, se decantó por exigir una petición expresa, razonando, con cita de la STS 863/2014, de 11-12, que "aunque tal fórmula pudiera cobijar implícitamente ese petitum la misma no sería "posiblemente suficiente"; la exigencia de petición expresa encuentra su anclaje en razones vinculadas al principio de defensa material y al que prohíbe condenas inaudita parte. No es razonable reclamar de la acusación que haya de prever esa condena que responde a motivos concretos. Que haya de aventurarse a rebatir o argumentar la inexistencia de temeridad o mala fe por su parte, subsidiariamente para el caso de no ser acogida su pretensión contra el acusado, cuando éste no lo ha planteado nítidamente, o lo que es lo mismo, no les ha atribuido un actuar temerario o malintencionado"».

Hecha la tasación y regulación de costas, de acuerdo con los artículos 243 y 244 de la LECrim, se dará vista al Ministerio Fiscal y a la parte condenada al pago, para que manifiesten lo que tengan por conveniente en el término de **tres días**.

Transcurrido el anterior plazo sin haber sido impugnada la tasación de costas practicada, o tachadas de indebidas o excesivas alguna de las partidas de honorarios, se procederá con arreglo a lo dispuesto en la LEC.

De conformidad con el artículo 245 de la LECrim: «Aprobadas o reformadas la tasación y regulación, se procederá a hacer efectivas las costas por la vía de apremio establecida en la Ley de Enjuiciamiento Civil con los bienes de los que hubiesen sido condenados a su pago».

A TENER EN CUENTA. Si se ha prestado fianza de conformidad con el artículo 280 de la LECrim, se realizará la misma para responder de las resultas del juicio.

La tasación de costas en el orden penal: impugnación, plazo y pago

En cuanto a la impugnación de la tasación de costas en el orden jurisdiccional penal, el procedimiento y posibilidades son las mismas que para la impugnación de costas en el orden jurisdiccional civil, por lo que nos remitiremos a **ese punto** en aras de no resultar reiterativos.

|| Plazo para solicitar la tasación de costas

De acuerdo con el apartado 2 del artículo 1964 del Código Civil, el **plazo de prescripción del derecho al cobro de las costas procesales** es de **cinco años:** *«Las acciones personales que no tengan plazo especial prescriben a los cinco años desde que pueda exigirse el cumplimiento de la obligación. En las obligaciones continuadas de hacer o no hacer, el plazo comenzará cada vez que se incumplan».*

3.2. Orden de preferencia para el pago de las costas

El orden de preferencia para el pago de las costas procesales

¿Cómo **se realiza el pago de las costas procesales en el orden penal?** De acuerdo con el artículo 126 del Código Penal, existe un orden de preferencia para el pago por el penado o responsable civil subsidiario, y es el siguiente:

1.º Reparación del daño causado e indemnización de los perjuicios.

2.º Indemnización al Estado por el importe de los gastos que se hubieran hecho por su cuenta en la causa.

3.º Costas del acusador particular o privado cuando se impusiere en la sentencia su pago.

4.º Demás costas procesales, incluso las de la defensa del procesado, sin preferencia entre los interesados.

5.º La multa.

> **JURISPRUDENCIA**
>
> **Sentencia del Tribunal Constitucional n.º 54/1986, de 7 de mayo, ECLI:ES:TC:1986:54**
>
> *«(...) Se limita a establecer un orden de prelación entre las distintas responsabilidades pecuniarias que pesan sobre el responsable de un delito o falta y que no es disponible ni para el obligado al pago, ni para quienes han de recibirlo. El entendimiento común,*

aunque no sea el único posible a partir del tenor literal de los correspondientes preceptos, de que el condenado a una pena pecuniaria puede optar libremente entre el pago de ésta o el cumplimiento del arresto sustitutorio, no puede extenderse hasta el extremo de considerar que es también asunto de libre opción el de destinar los recursos de que se dispone a asegurar la propia libertad en lugar de ponerlos a disposición de quien, en su persona o sus bienes, ha sufrido las consecuencias dañosas del delito o de la falta (...)».

Con respecto a los **delitos cometidos contra la salud pública** (artículos 361 al 372 del Código Penal), el orden de preferencia de pago es el siguiente, conforme al artículo 378 del Código Penal:

1.º Reparación del daño causado e indemnización de perjuicios.

2.º Indemnización del Estado por el importe de los gastos que se hayan hecho por su cuenta en la causa.

3.º La multa.

4.º Las costas del acusador particular o privado cuando se imponga en la sentencia su pago.

5.º Las demás costas procesales, incluso las de la defensa del procesado, sin preferencia entre los interesados.

A TENER EN CUENTA. Cuando el delito hubiera sido de los que solo pueden perseguirse a instancia de parte, se satisfarán las costas del acusador privado con preferencia a la indemnización del Estado.

3.3. Pluralidad de condenados

¿Qué ocurre cuando son varios los condenados al pago de las costas en el orden penal?

De acuerdo con el **artículo 240 de la LECrim,** en la resolución que condene al pago a los procesados se señalará la parte proporcional de que cada uno de ellos deba responder, en el caso de ser varios los condenados.

Esto no quiere decir que exista una relación de solidaridad para el pago de las costas entre los condenados, ya que cada uno de ellos será responsable individualmente de su parte proporcional de la condena.

JURISPRUDENCIA

Sentencia del Tribunal Supremo n.º 766/2017, de 28 de noviembre, ECLI:ES:TS:2017:4314

«(...) La jurisprudencia siempre ha entendido que cuando se trate de varios delitos y de varios acusados, las costas se dividen en primer lugar por el número de delitos y luego por el número de acusados (STS 140/2010, de23 de febrero); y si median pronunciamientos absolutorios, de conformidad con el art. 240.1.º, ello conlleva la declaración de oficio de las costas de la parte proporcional que corresponda.

> *De igual modo precisa la STS 676/2014, de 15 de octubre, el reparto correspondiente a cada condenado, opera después, una vez hechas las porciones correspondientes a cada delito objeto de acusación y excluidas las correspondientes a los delitos por los que se ha absuelto a todos (arts. 123 CP y 240.1.2.º LECrim y SSTS 385/2000, de 14 de marzo, 1936/2002, de 19 de noviembre, 588/2003, de 17 de abril; o 2062/2002, de 27de mayo, entre otras).*
>
> *En definitiva, siendo cuatro los acusados por la comisión de los mismos delitos de falsedad y apropiación indebida; y resultando dos de ellos absueltos, la mitad de las costas deben ser declaradas de oficio; y por tanto, la condena procedente a cada recurrente, es al abono de un cuarto de las causadas».*

Junto con los criterios señalados en la mencionada sentencia y unas operaciones aritméticas, se puede establecer la parte de costas por la que se condena y aquella otra que hay que declarar de oficio, así como la que ha de corresponder a cada uno de los condenados cuando son varios.

Existe un caso excepcional para el supuesto de que en un mismo proceso se acuse por diferentes infracciones y estas pueden ser diversas también en cuanto al trabajo procedimental empleado respecto de cada una de ellas, e incluso la responsabilidades de los diferentes acusados puedan ser de diverso tipo en orden no solo al distinto grado de participación (autores o cómplices, en sus diversas clases), sino también en lo que se refiere a la diversa cantidad de trabajo procesal requerido para cada uno de ellos. En estos casos podrán adecuarse las condenas haciendo las oportunas graduaciones, siempre que se motive adecuadamente en la resolución (**STS n.º 233/2001, de 16 de febrero, ECLI:ES:TS:2001:1083**).

CUESTIÓN

En un procedimiento son tres procesados por la comisión de un mismo delito, pero únicamente dos de ellos han resultado condenados. ¿Cómo se hará el cálculo de las costas procesales?

Cada uno de los condenados abonará una tercera parte de las costas procesales y la tercera parte restante se declarará de oficio.

3.4. Condena en costas por delitos leves

El procedimiento de tasación de costas en los juicios por delitos leves

En primer lugar, señalaremos que en los delitos leves la intervención de abogado y procurador no es preceptiva. Por lo tanto, la tasación de costas no debe incluir los honorarios de los mismos.

De acuerdo con el artículo 967 de la Ley de Enjuiciamiento Criminal, en los juicios leves, al ofendido o perjudicado y al investigado para la celebración del juicio, se les informará que pueden ser asistidos por abogado si lo desean, por lo que el precepto dispone claramente la voluntariedad de la asistencia con abogado. Así establece el artículo 967.1 de la LECrim:

> «En las citaciones que se efectúen al denunciante, al ofendido o perjudicado y al investigado para la celebración del juicio, se les informará de que

pueden ser asistidos por abogado si lo desean y de que deberán acudir al juicio con los medios de prueba de que intenten valerse. A la citación del investigado se acompañará copia de la querella o de la denuncia que se haya presentado.

Sin perjuicio de lo dispuesto en el párrafo anterior, para el enjuiciamiento de delitos leves que lleven aparejada pena de multa cuyo límite máximo sea de al menos seis meses, se aplicarán las reglas generales de defensa y representación».

Sin perjuicio de lo dispuesto anteriormente, en muchas ocasiones, pese a tratarse de delitos leves, estos revisten una especial complejidad jurídica en los que se hace imprescindible la intervención de abogado. Por ello, en estos casos especiales, sí deberían poder incluirse los honorarios del abogado en la tasación de costas. Pero para determinar qué casos revisten especial complejidad jurídica, habría que atender a cada caso en concreto.

Por ejemplo, la **sentencia de la Audiencia Provincial de Alicante, n.º 133/2019, de 1 de marzo, ECLI:ES:APA:2019:163,** dispone lo que sigue:

«Sostiene la defensa que en los procedimientos de juicio de faltas no es preceptivo el uso de Letrado para la defensa de sus intereses, por lo que si el Sr. Cesar ha decidido contratar los servicios de un letrado deberá asumir él los costes de dicha decisión unilateral y voluntaria.

La condena en costas es preceptiva, cuestión distinta y es en realidad lo que se discute es si la condena comprende o no las costas de la acusación particular, como bien dice la parte apelada no cabe la condena encostas de la acusación particular en procedimientos por delitos leves, en los que la construcción y trabajo de defensa y acusación la mayoría de veces son elementalmente simples, sin necesidad de proponer y practicar prueba, más allá de las meras declaraciones de las partes.

Con la nueva regulación y la introducción del segundo párrafo del art. 967.1 L.E.Crim, la doctrina anterior para los juicios de faltas sigue estando plenamente vigente. Es decir, en todos aquellos delitos leves que no tengan pena de multa con limite máximo de al menos seis meses, en donde no es necesaria la defensa y representación obligatoria (967.1. 2.º párrafo L.E.Crim), la regla general ha de tener el mismo fundamento: no cabe incluir honorarios de letrado y suplidos derechos de Procurador por las mismas razones expuestas en el juicio de faltas (salvo aquellos casos excepcionales en que sí cabía).

Las costas del abogado y del procurador son indebidas por cuanto su intervención no es preceptiva.

Como recuerda la parte apelada. El artículo 124 del código Penal establece que solo los delitos perseguibles a instancia de parte generan siempre la obligación de abonar los honorarios del Abogado y del procurador.

En consecuencia la condena en costas es preceptiva pero para evitar cualquier equivoco, precisando que se trata de las costas de un juicio de faltas o de delito leve y por tanto excluidas los honorarios y derechos de abogado y procurador, al no ser preceptivos y ello con independencia o abstracción de la posible relevancia de su intervención».

Por el contrario, en la **sentencia de la Audiencia Provincial de Sevilla, n.º 181/2016, de 20 de abril, ECLI:ES:APSE:2016:753**, sí se incluyen los honorarios de abogado:

«"En el presente recurso se plantea una cuestión adicional que es la de la exclusión de las costas de los honorarios del abogado de la acusación particular al no ser preceptiva su intervención en los juicios de faltas.

Como señala la sentencia del Tribunal Constitucional núm. 47/1987, de 22 de abril, entre el haz de garantías que integran el derecho a un proceso justo se incluye el derecho a la defensa y a la asistencia letrada que el art. 24.2 de la Constitución Española, consagra de manera singularizada, con proyección especial hacia el proceso penal, que tiene por finalidad asegurar la efectiva realización de los principios de igualdad de las partes y de contradicción.

La doctrina del Tribunal Constitucional expresada en la referida resolución estima que las excepciones a la norma general de intervención de abogado en los procesos concede a las partes la posibilidad de actual personalmente pero no les obliga a ello, proporcionándoles la facultad de elegir entre la autodefensa y la defensa técnica.

El derecho a la asistencia letrada, en estos supuestos, permanece incólume debiendo valorarse en cada caso para sopesar la concurrencia del derecho a la asistencia gratuita —o en el caso presente, a la inclusión en las costas que no deben ser abonadas por la propia parte perjudicada—, la necesidad de la intervención letrada a los efectos de mantener el principio de igualdad de armas, y no situar al perjudicado en situación de inferioridad o indefensión (...)".

Aplicando dicha doctrina al caso de autos, en el que se dilucidaba no solo la responsabilidad penal o contribución del recurrente en la producción del siniestro, sino el alcance de sus lesiones y de las cantidades indemnizatorias tanto por tales lesiones como por las secuelas que le han quedado, se estima que la intervención de letrado era necesaria para posibilitar la mejor defensa de sus derechos por el perjudicado en el proceso, evitando su indefensión y por ello debe ser estimado este particular del recurso, incluyendo el pago de los honorarios de letrado dentro de la condena en costas, si bien limitados a los que corresponderían a un juicio de faltas».

En la misma línea, la **sentencia de la Audiencia Provincial de Madrid n.º 588/2024, de 31 de octubre, ECLI:ES:APM:2024:15664**, señala:

«La parte recurrente alega que las costas del abogado y del procurador son indebidas por cuanto su intervención no es preceptiva.

El motivo debe ser desestimado. Efectivamente, tratándose de un juicio por delitos leves, no resulta preceptiva la intervención de abogado con la salvedad de la excepción prevista en el art. 967 de la Ley de Enjuiciamiento Criminal, no siendo el caso por no estar previsto para el delito leve de amenazas ni para el delito leve de lesiones.

La Ley de Enjuiciamiento Criminal, en los artículos 240 y siguientes, regula las costas procesales, pero no aclara si en los supuestos de intervención no preceptiva de los profesionales citados debe hacerse cargo el condenado de las costas correspondientes a los honorarios de aquellos. Tampoco lo hace el Código Penal, que sin embargo en el artículo 124 del Código Penal determina, sin distinción, que las costas (comprenderán los derechos e indemnizaciones ocasionados en las actuaciones judiciales e incluirán siempre los honorarios de la acusación particular en los delitos sólo perseguibles a instancia de parte.

Como quiera que no estamos ante un delito privado, la solución la encontramos en la cláusula supletoria del artículo 4 de la Ley de Enjuiciamiento Civil, en cuyo artículo 32.5 se dispone que "cuando la intervención de abogado y procurador no sea preceptiva, de la eventual condena en costas de la parte contraria a la que se hubiese servido de dichos profesionales se excluirán los derechos y honorarios devengados por los mismos, salvo que (...)".

Aplicando este precepto, no resultan de aplicación ninguna de las excepciones previstas. Ahora bien, **tratándose del proceso penal, y siendo además un delito semipúblico, entendemos que pueden valorarse factores correctores como que no se trate de un caso complejo o que el principio de igualdad de armas no justifique un tratamiento distinto, y en el presente caso ambas partes comparecieron asistidos de letrado, por lo que la inclusión de las costas está justificada»**.

4.
LA TASACIÓN DE COSTAS EN EL ORDEN SOCIAL

4.1. Imposición de costas en primera instancia

La imposición de costas en primera instancia del orden social

En primer lugar, tendremos en cuenta que, con carácter general, en la **fase inicial del proceso en la jurisdicción social no hay condena en costas**, esto es, en primera instancia ante la sección de lo social del tribunal de instancia que corresponda, ya que la jurisdicción social está inspirada en el **principio de gratuidad**.

> **A TENER EN CUENTA.** En cuanto a la primera instancia en el orden jurisdiccional social, se sustituye la referencia a los juzgados de lo social tras la reforma operada por la LO 1/2025, de 2 de enero, en vigor en este punto a partir del 23 de enero de 2025, que crea los tribunales de instancia con las correspondientes secciones integradas en ellos, entre las cuales está la sección de lo social. En este sentido, conforme a la disposición transitoria primera de la citada ley, el 31 de diciembre de 2025, los juzgados de lo social se transformarán en las secciones de lo social del tribunal de instancia que corresponda.

Asimismo, cabe señalar que en el orden jurisdiccional social no es preceptiva la intervención de procurador, por lo que, en los casos de imposición de costas en este orden, dicha imposición se limitará a los honorarios de los abogados o peritos que pudieran intervenir en el proceso.

A pesar de que, como regla general, tal y como ya hemos señalado anteriormente, en el orden jurisdiccional no hay imposición de costas, sí que existen, sin embargo, algunos casos en los que se podrá condenar a costas, como son los siguientes:

- **No asistencia al acto de conciliación o mediación (apartado 3 del artículo 66 de la LRJS)**: cuando no compareciera la parte demandada en aquellos casos en que esté debidamente citada al acto de conciliación o mediación, el juez o tribunal impondrá las costas del proceso a la parte que no hubiere comparecido sin causa justificada, incluidos los honorarios, hasta un límite de 600 euros, del letrado o graduado social colegiado de la parte contraria que hubiere intervenido, si la sentencia que en su día dicte coincidiera esencialmente con la pretensión contenida en la papeleta de conciliación o en la solicitud de mediación.

— **Litigante no acudió injustificadamente al acto de conciliación o mediación, obró de mala fe o con temeridad o la sentencia condenatoria coincida esencialmente con la papeleta de conciliación o la solicitud de mediación (apartado 3 del artículo 97 de la LRJS, modificado por el RD-ley 6/2023, de 19 de diciembre, con entrada en vigor el 20/03/2024):** la sentencia, motivadamente, podrá imponer una sanción pecuniaria, dentro de los límites que se fijan en el apartado 4 del art. 75 de la LRJS, al litigante que no acudió injustificadamente al acto de conciliación ante el servicio administrativo correspondiente o a mediación, de acuerdo con lo establecido en el apartado 3 del art. 83 de la LRJS, así como al litigante que obró de mala fe o con temeridad. También motivadamente podrá imponer una sanción pecuniaria cuando la sentencia condenatoria coincidiera esencialmente con la pretensión contenida en la papeleta de conciliación o en la solicitud de mediación. En tales casos, y cuando el condenado fuera el empresario, deberá abonar también los honorarios de los abogados y graduados sociales de la parte contraria que hubieren intervenido, hasta el límite de 600 euros.

A TENER EN CUENTA. Los artículos 75.4 y 83.3 de la LRJS han sido modificados por la LO 1/2025, de 2 de enero, en vigor a partir del 3 de abril de 2025. Concretamente, el artículo 75.4 de la LJRS modifica el importe de la multa que puede establecerse en caso de que las actuaciones del proceso no se ajusten a las reglas de la buena fe o cuando se formulen pretensiones temerarias, así la multa podrá oscilar de 600 euros (antes 180 euros) a 6.000 euros. Por su parte, el artículo 83.3 de la LRJS se refiere al caso de incomparecencia injustificada del demandado al acto de conciliación señalando:

«La incomparecencia injustificada del demandado al acto de conciliación no impedirá la celebración de los actos de conciliación y juicio, continuando este sin necesidad de declarar su rebeldía y sin perjuicio de la sanción que, por esta circunstancia, se podrá imponer en sentencia en los términos establecidos en el artículo 97.3».

CUESTIÓN

Para la imposición de costas en primera instancia a tenor del apartado 3 del art. 66 de la LRJS, ¿es necesario que la sentencia que se dicte estime de manera total la demanda?

No, para imponer las costas conforme a lo preceptuado en el art. 66.3 de la LRJS lo que debe examinarse es si la pretensión de la demanda se ha estimado en lo esencial. Así, en un caso en el que la sentencia declara el despido como improcedente, pero reduce las cuantías que deben abonarse, el *TSJ de Barcelona en la sentencia n.º 550/2022, de 1 de febrero, ECLI:ES:TSJCAT:2022:795*, declara:

«Lo que debe examinarse es si la pretensión de la demanda se ha estimado en lo esencial, en lo relevante, lo principal o sustancial. Y en este sentido hay que tomar en consideración que la parte actora planteaba en su demanda, como pretensión esencial, la declaración de improcedencia del despido. Habiendo por tanto obtenido una satisfacción en lo esencial de su pretensión cuando se le ha aceptado y estimado lo que es más importante y básico en el debate como es la existencia de un despido improcedente».

JURISPRUDENCIA

Sentencia del Tribunal Supremo n.º 805/2019, de 26 de noviembre, ECLI:ES:TS:2019:4339

«El motivo debe ser desestimado, procediendo a confirmar la condena en costas que se realizó en la instancia, por cuanto que, tal y como dispone el art. 66.3 y 97.3 de la LRJS, las costas del proceso en la instancia solo procederán cuando concurra el supuesto allí contemplado y en este caso, esos requisitos concurren.

El art. 66 de la LRJS, al regular las consecuencias de la no asistencia al acto de conciliación o de mediación, en su apartado 3 dispone lo siguiente: "Si no compareciera la otra parte, debidamente citada, se hará constar expresamente en la certificación del acta de conciliación o de mediación y se tendrá la conciliación o la mediación por intentada sin efecto, y el juez o tribunal impondrán las costas del proceso a la parte que no hubiere comparecido sin causa justificada, incluidos honorarios, hasta el límite de seiscientos euros, del letrado o graduado social colegiado de la parte contraria que hubieren intervenido, si la sentencia que en su día dicte coincidiera esencialmente con la pretensión contenida en la papeleta de conciliación o en la solicitud de mediación".

Este apartado recoge la imposición de costas en la instancia cuando concurran dos circunstancias: 1) incomparecencia al acto de conciliación sin causa justificada; y 2) que la sentencia que se dicte coincida esencialmente con la pretensión contenida en la papeleta de conciliación».

Pese a existir estas dos posibilidades, lo cierto es que en la práctica no es muy común la imposición de costas en primera instancia.

4.2. Imposición de costas en ejecución

La imposición de costas en ejecución del orden social

De acuerdo con el apartado 3 del artículo 269 de la LRJS, los honorarios o derechos de abogados, incluidos los de las Administraciones públicas, procuradores y graduados sociales colegiados, devengados en la ejecución podrán incluirse en la tasación de costas.

Asimismo, de acuerdo con lo previsto en esta ley (art. 239.2 de la LRJS), la ejecución podrá solicitarse tan pronto como la sentencia o resolución judicial haya ganado firmeza o desde que el título haya quedado constituido o, en su caso, desde que la obligación declarada en el título ejecutivo fuese exigible.

Iniciada la ejecución, de acuerdo con lo previsto en el apartado 3 del art. 239 de la LRJS, no se aplicará el plazo de espera previsto en el artículo 548 de la LEC. No obstante, si la parte ejecutada cumpliera en su integridad la obligación exigida contenida en el título, incluyendo en los casos de ejecución dineraria el pago de los intereses procesales, si procedieran, dentro del plazo de los **veinte días siguientes a la fecha de la firmeza de la sentencia o resolución judicial ejecutable o desde que el título haya quedado constituido, o desde que la obligación declarada en el título fuese exigible, no se le impondrán las costas de la ejecución que hubiera instado.**

JURISPRUDENCIA

Sentencia del Tribunal Supremo, rec. 1554/2011, de 11 de mayo de 2012, ECLI:ES:TS:2012:4653

«En el proceso social, la regulación de las costas y honorarios difiere de la civil excepto en el proceso de ejecución en el que, con los límites ordinarios y no en importes tasados, se dispone que "los honorarios o derechos de abogados, incluidos los de las Administraciones públicas, procuradores y graduados sociales colegiados, devengados en la ejecución podrán incluirse en la tasación de costas (arts. 267.3 LPL y 269.3LRJS). La nueva LRJS mantiene idénticos criterios y principios sobre costas y honorarios que los que se contenían en la LPL (entre otros, en sus arts. 21.1, 66.3, 77.1, 79.2, 97.3, 148, 200.2, 213.5, 217, 228.2, 235, 236, 239, 247, 251, 268 y 269 LRJS), ajustándolos especialmente a las reglas sobre el derecho de justicia gratuita de trabajadores y beneficiarios del régimen público de la seguridad social con derecho a la designación de abogado del turno de oficio. Advirtiéndose que en la fase declarativa y en la de recursos los honorarios de abogados y graduados sociales que se imponen judicialmente por temeridad, mala fe, incumplimiento de determinadas obligaciones procesales o preprocesales o por el principio de vencimiento, tienen un importe tasado, hasta el límite de 600 € en la instancia, 1.200 € en el recurso de suplicación y 1.800 € en recurso de casación(en especial, arts. 97.3 y 235.1 a 3 LRJS) . No conteniéndose ni en la LPL(arts. 175 a 182) ni en la LRJS (arts. 177 a 184) reglas específicas sobre costas ni honorarios en la modalidad procesal de la tutela de los derechos fundamentales y libertades públicas; pero regulándose en la LRJS con carácter general al proceso social, en todas sus fases o instancias, las consecuencias(rechazo de oficio de pretensiones, multas de hasta 180.000 € o indemnizaciones, en su caso) de las actuaciones dilatorias o que entrañen abuso de derecho o fraude procesal o que vulneren las reglas de la buena fe, así como del incumplimiento de las obligaciones de colaborar con el proceso y de cumplir las resoluciones que en el mismo se dicten (art. 75 LRJS)».

Por tanto, se admite la ejecución de costas en el orden social, pero no como una obligación, sino como una posibilidad de la que dispone el órgano judicial.

4.3. Imposición de costas en caso de interposición de recurso de suplicación o recurso de casación

---

La imposición de costas en caso de recurso de suplicación o recurso de casación en el orden social

La competencia para conocer del recurso de suplicación corresponde a la sala de lo social del tribunal superior de justicia correspondiente (art. 190 de la LRJS) y respecto del recurso de casación, a la Sala de lo Social del Tribunal Supremo (art. 205 de la LRJS) .

El art. 235 de la LRJS se refiere a la imposición de las costas que se produzcan en los recursos de suplicación y en el de casación, debiendo imponerse en las sentencias las mismas a la parte vencida en el recurso.

Aunque la regla general es la imposición de costas a la parte vencida, hay excepciones:

- Ser beneficiario de la justicia gratuita.

- Sindicatos.

- Funcionarios públicos o personal estatutario que deban ejercitar sus derechos como empleados públicos ante el orden social.

- Procesos sobre conflictos colectivos.

CUESTIÓN

En el caso de procesos sobre conflicto colectivo, ¿quién se hace cargo de las costas?

Conforme a lo establecido en el art. 235.2 de la LRJS, cada parte se hará cargo de las costas causadas a su instancia. Ello, no obstante, la sala podrá imponer el pago de las costas a cualquiera de las partes que en el proceso o en el recurso hubiera actuado con temeridad o mala fe.

En los supuestos de estimación total o parcial del recurso no procede la condena en costas. Así lo ha declarado, entre otras, la **STSJ de La Rioja n.º 28/2024, de 1 de febrero, ECLI:ES:TSJLR:2024:20,** que atendiendo a la jurisprudencia del Tribunal Supremo señala:

«En aplicación de lo dispuesto en el Art. 235.1 LRJS (L 36/11), no procede condena en costas, toda vez que la estimación, total o parcial, del recurso de suplicación implica que no haya parte vencida a efectos de imponer el pago de las costas generadas en el mismo a alguno de los litigantes (SSTS 14/02/07, RJ 2177; 29/01/09, RJ 1051)».

Las costas comprenderán los honorarios del abogado o graduado social colegiado de la parte contraria que hubiera actuado en el recurso en defensa o en representación técnica de la parte, sin que la atribución en las costas de dichos honorarios pueda superar la cantidad de 1.200 euros en el recurso de suplicación y de 1.800 euros para el recurso de casación (art. 235.1 de la LRJS) .

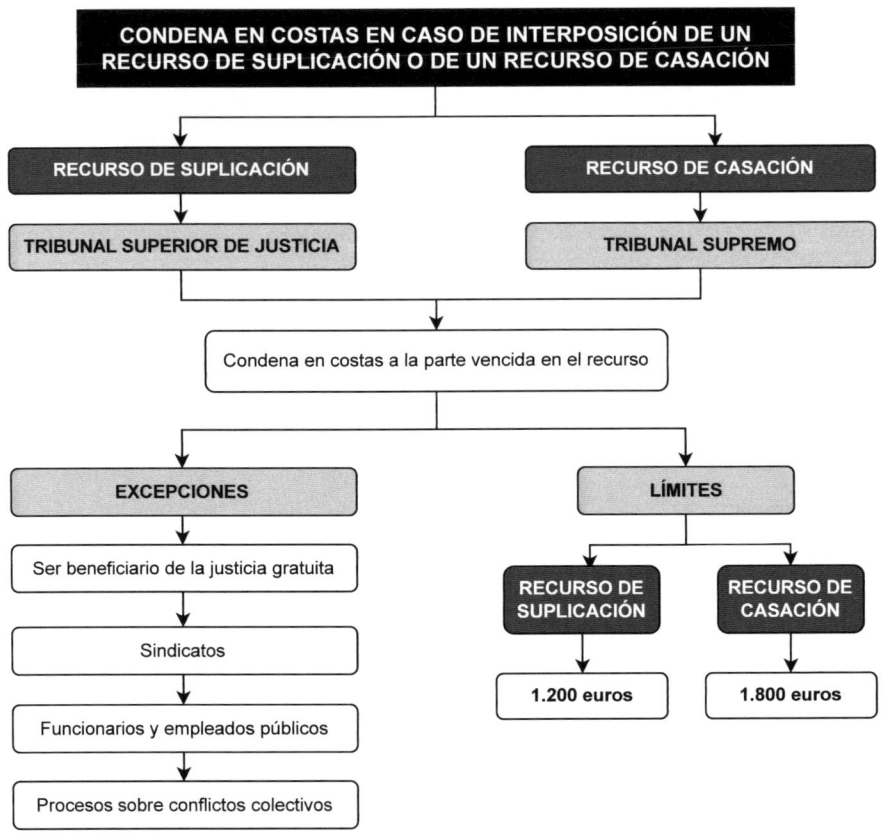

A TENER EN CUENTA. Pese a lo dispuesto anteriormente, los trabajadores y los beneficiarios de la Seguridad Social gozan del beneficio de justicia gratuita sin necesidad de que se solicite de forma expresa, por lo que no se les podrían imponer las costas pese a resultar vencidos en la interposición de recurso. En este sentido se ha pronunciado el Tribunal Supremo en numerosas resoluciones como el auto, rec. 4412/2017, de 22 de noviembre de 2018, ECLI:ES:TS:2018:13591A, y en el auto de aclaración, rec. 700/2021, de 3 de marzo de 2022, ECLI:ES:TS:2022:3330AA.

En este sentido, es muy importante la **sentencia del Tribunal Supremo n.º 224/2018, de 28 de febrero, ECLI:ES:TS:2018:929**, donde al recurrente trabajador no se le condena al pago de costas, pues entiende el Alto Tribunal que la condena en costas por haber actuado con temeridad solo puede recaer sobre el que ostenta la condición de empresario. Sin embargo, mantiene la multa al trabajador:

«Por la recurrente se alega la infracción del artículo 97.3 de la LRJS, en relación exclusivamente ala condena al pago de los honorarios de los letrados que intervinieron. La dicción del artículo 97.3 de la LRJS, idéntica a la que en su momento tuvo el precepto homónimo en la LPL es clara al respecto "La sentencia, motivadamente, podrá imponer al litigante que obró de mala fe o con temeridad, así como al que no acudió al acto de conciliación injustificadamente, una sanción pecuniaria dentro de los límites que se fijan en el apartado 4 del artículo 75. En tales casos, y cuando el condenado fuera el empresario, deberá abonar también los honorarios de los abogados y graduados sociales de la parte contraria que hubieren intervenido, hasta el límite de seiscientos euros.

La imposición de las anteriores medidas se efectuará a solicitud de parte o de oficio, previa audiencia en el acto de la vista de las partes personadas. De considerarse de oficio la posibilidad de dicho pronunciamiento una vez concluido el acto de juicio, se concederá a las partes un término de dos días para que puedan formular alegaciones escritas. En el caso de incomparecencia a los actos de conciliación o de mediación, incluida la conciliación ante el secretario judicial, sin causa justificada, se aplicarán por el juez o tribunal las medidas previstas en el apartado 3 del artículo 66".

El tenor literal que acabamos de reproducir no deja margen de duda acerca del cual es el sujeto procesal al que se refiere la condena al pago de honorarios de letrado cuando ésta acompaña a la imposición de la multa por temeridad. **Tan solo el litigante que ostenta la condición de empresario es susceptible de la condena en relación al pago de honorarios. La demandante no solo no consta que sea empresaria si no que su demanda temeraria, tenía por objeto obtener la declaración de su condición de trabajadora de donde resulta carente de base jurídica la condena impuesta por lo que el recurso, de conformidad con el informe del Ministerio Fiscal, deberá ser estimado, sin que haya lugar a la imposición de las costas a tenor de lo preceptuado en el artículo 235 de la LRJS».**

Para el supuesto de que la **parte recurrente desista del recurso** resulta de aplicación lo dispuesto en el art. 396 de la LEC, en el que se señala:

«1. Si el proceso terminara por desistimiento del actor, que no haya de ser consentido por el demandado, aquél será condenado a todas las costas.

2. Si el desistimiento que pusiere fin al proceso fuere consentido por el demandado o demandados, no se condenará en costas a ninguno de los litigantes».

El Tribunal Supremo ha considerado que este precepto **no impide que se impongan costas en caso de haya habido actividad procesal de la parte contraria,** así lo ha recogido en el **auto, rec. 548/2022, de 21 de diciembre, ECLI:ES:TS:2022:18486A:**

«Regirá en todo caso la regla general de que, si no se ha personado la parte recurrida en el recurso en cualquiera de sus fases, no hay gravamen para ella ni por tanto imposición de costas, razón por la que el desistimiento sin parte recurrida únicamente comportaría la pérdida del depósito para recurrir.

En caso de que sí se hubiera personado el recurrido, de conformidad con lo previsto en el artículo 396.1 LEC procederá la imposición de costas, si bien debe matizarse su alcance en función de la situación del recurso, debiendo ser más alta la cifra acordada para costas si el desistimiento se produce después de la impugnación del recurso, porque la actividad procesal es más intensa en ese caso. (AATS -dos-de 18/07/2017, rcud. 394/2014 y rcud. 2941/2016; ATS de 20/12/2018, rcud. 704/2017).

Como orientación, la cantidad fijada para costas en caso de desistimiento en el recurso en el únicamente se haya producido la personación del recurrido se fija en 300 euros, igual que en la inadmisión del recurso con personación de la parte recurrida.

Si se ha llevado a cabo la impugnación del recurso, la cuantía por el concepto de costas será la de 1000 euros, pudiendo incrementarse esa cifra si el desistimiento se produce en fechas próximas a la fijada para la votación y fallo.

Lo que supone, a afectos de la imposición de costas, que "cuando el recurrente desiste debe diferenciarse si ha mediado personación del recurrido o no: si no hay personación del recurrido sólo se produce la pérdida del depósito; si se ha personado el recurrido pero no ha impugnado el recurso se imponen las costas (en cuantía inicial de 300 euros). En línea con la finalidad de esta figura, si el desistimiento surge cuando ya se ha impugnado el recurso, las costas han de ser superiores (en principio, de 1000 euros)"».

4.4. Condena en costas a sindicatos

La condena en costas a los sindicatos de trabajadores

De acuerdo con el artículo 235 de la LRJS, **la sentencia impondrá las costas a la parte vencida en el recurso, excepto** cuando goce de beneficio de justicia gratuita, **o cuando se trate de sindicados**, así como casos de funcionarios públicos o personal estatutario que deban ejercitar sus derechos como empleados públicos ante el orden social.

Asimismo, es importante mencionar el apartado 4 del artículo 20 de la LRJS, que dispone que los sindicatos están exentos de efectuar depósitos y consignaciones en todas sus actuaciones **ante el orden social y gozarán del beneficio legal de justicia gratuita cuando ejerciten un interés colectivo en defensa de los trabajadores y beneficiarios de la Seguridad Social.**

La cuestión radica en si, en cualquier caso, los sindicatos, como regla general, están exentos de la condena en costas pese a ser parte vencida del recurso, con independencia de la condición en la que hubieran litigado dentro del proceso, es decir, si actúan en defensa de los trabajadores o en defensa de cuestiones relativas a su organización interna.

Aunque el meritado **artículo 235 de la Ley reguladora de la jurisdicción social no indica si la excepción de condena en costas a los sindicatos lo es cuando estos ejerciten un interés colectivo en defensa de los trabajadores y beneficiarios de la Seguridad Social o están exentos por el mero hecho de actuar como sindicato,** con independencia del asunto del litigio, parece que **la jurisprudencia en este sentido es unánime:** los sindicatos únicamente **estarán exentos de la condena en** costas cuando sean **parte vencida en el recurso, en los casos en los que actúen dentro del procedimiento en ejercicio de un interés colectivo en defensa de los trabajadores y beneficiarios de la Seguridad Social.**

Esta interpretación tiene su razón de ser en el sentido de que, cuando el sindicato actúa en representación y defensa de los trabajadores, asume el beneficio de justicia gratuita que ostentan estos como si ellos mismos ejercitaran la acción.

JURISPRUDENCIA

Sentencia del Tribunal Supremo n.º 401/2016, de 11 de mayo, ECLI:ES:TS:2016:3027

«Doctrina unificada sobre la exención de costas procesales a los sindicatos en su condición de parte vencida en los recursos de suplicación o de casación.-Por todo lo expuesto, —especialmente por la finalidad de la LRJS de asumir la doctrina mayoritaria de esta Sala sobre la exención de las costas procesales a los sindicatos cuando actúan en defensa de intereses colectivos y, por otra lado, por la vinculación de las costas con el derecho de justicia gratuita que la propia norma procesal otorga por primera vez en favor de los sindicatos pero condicionada a que ejerciten un interés colectivo (art. 20.4LRJS), vinculación que expresamente se refleja en múltiples sentencias dictadas por esta Sala tras la entrada en vigor de la LRJS (entre otras, SSTS/ IV 27-octubre-2014-rco 267/2013 sobre impugnación convenio colectivo por un sindicato o 26-enero-2016-rco 144/2015 relativa a impugnación despido colectivo por un sindicato, afirmándose en ambas que "El artículo 235.1 LRJS conduce a que no deban imponerse las costas cuando quien resulta vencido en el recurso goza del beneficio de justicia gratuita, lo que es el caso"—, entendemos que la genérica exclusión de la imposición de costas a los sindicatos en su condición de parte vencida en los recursos de suplicación o de casación, contenida en el art. 235.1LRJS, no constituye un derecho nuevo y no puede interpretarse de forma aislada respecto del derecho de justicia gratuita condicionada del que son titulares, por lo que no puede extenderse tal exclusión a cualquier tipo de proceso en que los sindicatos intervengan, comprendiendo incluso los supuestos en los que actúen defensa de sus posibles intereses particulares o privativos, como acontece cuando intervienen en el proceso social en su condición de empresarios. Por lo que la exención de costas procesales a los sindicatos en su condición de parte vencida en los recursos de suplicación o de casación, establecida en el art. 235.1 LRJS, está condicionada, al igual que el derecho de justicia gratuita otorgado a los sindicatos en el art. 20.4LRJS, a que "ejerciten un interés colectivo en defensa de los trabajadores y beneficiarios de la seguridad social"».

CUESTIÓN

Cuando el sindicato actúa como empleador no le alcanza la exención de costas. Con relación a esto, ¿debe entenderse que en cualquier conflicto con un afiliado el sindicato es empleador y por tanto debe asumir costas en caso de vencimiento?

No, el sindicato no siempre actúa en condición de empleador, sino que en estos casos también puede actuar en defensa de los intereses colectivos. Así lo ha recogido el Tribunal Supremo en la sentencia n.º 889/2022, de 3 de noviembre, ECLI:ES:TS:2022:4062, en la que señala:

«En el supuesto que estamos examinando, las federaciones sindicales no eran las empleadoras del afiliado, por lo que no se trataba de una cuestión litigiosa derivada

del contrato de trabajo (artículo 2 a) LRJS), sino que se trataba de un litigio del sindicato con dicho afiliado (artículo 2 k) LRJS), ocasionado cuando este último dejó de estar dispensado o liberado y no se le concedió el crédito sindical al que tenía derecho por ser miembro de la Junta de Personal.

Y si cuando el sindicato actúa como empleador y tiene un conflicto con un empleado suyo, en dicho conflicto subyace un mero interés particular o privativo de la organización sindical, cuando se plantea un conflicto entre el sindicato y un afiliado, de conformidad con nuestra doctrina, está en juego el derecho de libertad sindical, tanto del sindicato como del afiliado, y la organización sindical está ejercitando —en los términos del artículo 20.4 LRJS— un "interés colectivo", por lo que ha de gozar del beneficio legal de justicia gratuita, como expresamente dispone el propio artículo 20.4 LRJS.

(...)

Siendo ello así, y con independencia de que la posición sostenida por las federaciones sindicales no prosperara, es claro que dichas federaciones no estaban defendiendo en la controversia un mero interés privativo o particular —que es lo que hacen cuando son las empleadoras del trabajador—, sino que estaban ejercitando un "interés colectivo" (artículo 20.4 LRJS), pues estaba en juego cómo y quién ejercía los derechos y garantías sindicales reconocidos en los acuerdos citados».

4.5. Limitación del importe

Los límites en la condena en costas en el orden social

En la jurisdicción social no existe una fase de tasación de costas, es la sala la que fija discrecionalmente los honorarios del letrado, pero siempre dentro de los límites establecidos en el artículo 235 de la Ley reguladora de la jurisdicción social, y la imposición de las costas se hará en la sentencia.

El Tribunal Supremo ha señalado en reiteradas ocasiones que la sala suele abstenerse de cuantificar los honorarios en la resolución final bien porque las partes han llegado a un acuerdo en esta materia o porque la parte beneficiaria no solicita la cuantificación. Así el Alto Tribunal lo ha recogido en el **auto, rec. 570/2015, de 19 de julio de 2017, ECLI:ES:TS:2017:8383A,** en el que además recuerda que la sala puede fijar discrecionalmente los honorarios:

«Como recordábamos en el Auto de esta Sala de fecha 20 de julio de 2016 (recurso 1337/2015), con cita de los autos de esta Sala de 11 de febrero y 22 de marzo de 2002, 17 de noviembre de 2011 y 2 de abril de 2013 (R. 3374/2011)," la Sala suele abstenerse de cuantificar los honorarios en la resolución final, porque a veces las partes han llegado a un acuerdo en la materia, y otras veces —por razones que sólo a la parte beneficiaria de los honorarios incumbe tener en cuenta— simplemente el abogado del recurrido no solicita esta cuantificación. En los casos —como el presente— en los que dicho abogado expresamente lo solicita, la Sala los cuantifica en una providencia ulterior, dentro de los estrechos límites marcados por el art. 233.1 LPL (hoy, 235.1 LRJS) y en función de cuál haya sido la intervención que el director técnico beneficiario haya tenido en el proceso (así, ATS 26-11-2002, R. 3772/01)".

Hemos precisado, además, que no existe tasación de costas en el recurso extraordinario de casación unificadora, sino que la Sala puede fijar discrecionalmente los honorarios del letrado dentro de los márgenes que ese precepto establece (AATS 3-6-1998, 18-5-2007 y 2-4-2013, R. 2244/94, 3265/04 y 3374/11) y 22-7-2015 (R. 1727/2014)».

Con relación a los conceptos que deben integrar las costas, el párrafo segundo de este artículo señala que comprenderán los honorarios del abogado o graduado social colegiado de la parte contraria que hubiera actuado en el recurso en defensa o representación técnica. Este precepto establece un límite de atribución en las costas:

- Recurso de suplicación no puede superar los 1.200 euros.

- Recurso de casación no puede superar los 1.800 euros.

En cuanto al abono de los honorarios del procurador en caso de que intervenga, estos no pueden ser incluidos dentro de la cuantificación de los honorarios al ser voluntaria su intervención y a tenor de lo dispuesto en el art. 235 de la LRJS que no lo contempla. El Tribunal Supremo ha señalado una **excepción** en los supuestos en que las partes residan en un lugar diferente a donde se encuentra la sede judicial, y en tal sentido, el **auto del Tribunal Supremo, rec. 1603/2014, de 3 de mayo de 2016, ECLI:ES:TS:2016:4377A:**

«La cuestión que se plantea por la recurrente "Televisió de Catalunya, SA" ya ha sido resuelta por la Sala -—que tengamos constancia— en dos ocasiones, la STS 24/10/94 [rcud 2473/91] y el ATS 31/05/99 [rcud 3200/97], en las que hemos sostenido que la condena en costas se extiende a los honorarios de Procurador que asume representación de parte residente en lugar distinto de aquél en que se tramita el recurso, cual ocurre en el presente supuesto, razonando que "... si bien, conforme a lo previsto en los artículos 18 y 218 del Texto Articulado de la Ley de Procedimiento Laboral [en la actualidad, arts. 18 y 220 LRJS], la intervención del Procurador no es precisa en la tramitación de los recursos dentro del proceso laboral, pudiendo, al respecto, o intervenir las propias partes procesales asistidas de Letrado o concederse la representación a este último director técnico del recurso, con lo que aquella intervención pudiera reputarse superflua y excluible, por tanto, de la tasación de costas —artículo 424 de la Ley de Enjuiciamiento Civil—, sin embargo, es lo cierto que no puede imponerse la representación procesal al Letrado que dirige el recurso, cuando la parte no interviene directamente". Desde esta perspectiva enjuiciadora no cabe la menor duda que no pueden ser incluibles en la tasación de costas los derechos del Procurador del que se valen, voluntariamente, las partes, cuando, éstas, residen en el mismo lugar del Órgano judicial llamado a resolver el pleito o recurso. Pero esta regla general tiene una excepción, prevista en el artículo 11 de la Ley de Enjuiciamiento Civil [art. 32.5 LECiv/2000], de aplicación supletoria en el proceso laboral —Disposición Adicional 1.ª, del Texto Articulado de la Ley de Procedimiento Laboral [DF Cuarta LRJS]— cuando la residencia de la parte no coincide con la sede del

Órgano judicial correspondiente»; precepto —art. 32.5— que literalmente sostiene que "[c]uando la intervención de abogado y procurador no sea preceptiva, de la eventual condena en costas de la parte contraria a la que se hubiese servido de dichos profesionales se excluirán los derechos y honorarios devengados por los mismos, salvo que ... el domicilio de la parte representada y defendida esté en lugar distinto a aquel en que se ha tramitado el juicio"».

A TENER EN CUENTA. La anterior resolución alude al tenor literal del artículo 32.5 de la LEC en la redacción previa a la reforma operada por la LO 1/2025, de 2 de enero (en vigor a partir del 03/04/2025), así donde antes decía «en lugar distinto» ahora dice «en partido judicial distinto».

CUESTIÓN

¿Procede la inclusión del Impuesto Sobre el Valor Añadido (IVA) en los honorarios que fija el órgano judicial?

Sí, procede la inclusión del IVA como parte del importe total de los honorarios que se fijan. De acuerdo con el *auto del Tribunal Supremo, rec. 1727/2014, de 22 de julio de 2015, ECLI:ES:TS:2015:6348A*:

«Por otra parte, la doctrina al respecto de la Sala Primera de este Tribunal Supremo, que cita la propia recurrente (sentencia de 30/6/98), establece que la fijación del impuesto sobre el Valor Añadido (IVA) es "un simple complemento necesario de los honorarios y derechos de los profesionales intervinientes en el proceso, y, como tal, repercutible sobre el condenado en costas", lo cual justifica que se incluya como parte del total importe de los honorarios que se fijan ya que el abogado, en cuanto prestador del servicio profesional, es sujeto pasivo del IVA y por lo tanto obligado directo al pago del mismo a la Hacienda Pública, pudiendo luego repercutir el importe del expresado impuesto al receptor del servicio profesional. La discusión que pueda suscitarse sobre la procedencia o no de satisfacer ese impuesto, su cuantía etc., corresponde dilucidarlo con la Agencia Tributaria y luego, en su caso, ante la jurisdicción correspondiente».

ANEXO I.
CASOS PRÁCTICOS

Caso práctico | La condena en costas por un desistimiento tras contestar la demanda

PLANTEAMIENTO

¿Hay alguna posibilidad de evitar la condena en costas al desistir de la acción el actor después de contestada la demanda y emplazados para juicio?

RESPUESTA

El único supuesto en el que no hay condena en costas en caso de desistimiento es si el demandado lo consiente.

La posibilidad de desistimiento está prevista en el art. 20.3 de la LEC estableciendo al respecto:

> «3. Emplazado el demandado, del escrito de desistimiento se le dará traslado por plazo de diez días.
> Si el demandado prestare su conformidad al desistimiento o no se opusiere a él dentro del plazo expresado en el párrafo anterior, por el Letrado de la Administración de Justicia se dictará decreto acordando el sobreseimiento y el actor podrá promover nuevo juicio sobre el mismo objeto.
> Si el demandado se opusiera al desistimiento, el Juez resolverá lo que estime oportuno».

Para el caso de desistimiento es claro el art. 396 de la LEC respecto a la imposición de costas, así este precepto señala:

> «1. Si el proceso terminara por desistimiento del actor, que no haya de ser consentido por el demandado, aquél será condenado a todas las costas.
> 2. Si el desistimiento que pusiere fin al proceso fuere consentido por el demandado o demandados, no se condenará en costas a ninguno de los litigantes».

Por tanto, la imposición de costas dependerá de la posición que asuma el demandado respecto al desistimiento del demandante. Para evitar la imposición de costas se puede acordar con la parte demandada la aceptación del desistimiento y, en consecuencia, no se producirá la condena en costas.

A TENER EN CUENTA. Lo expuesto se refiere al orden civil, sin embargo, en el orden contencioso-administrativo el art. 74.6 de la LJCA establece que el desistimiento no implicará necesariamente la condena en costas. Así lo ha declarado el Tribunal Supremo en su sentencia n.º 832/2018, de 22 de mayo, ECLI:ES:TS:2018:2034:

> «Lo que, sin embargo, no ha de entenderse en el sentido de que dicha condena haya de quedar excluida siempre y en todo caso. Y, otra vez, el tratamiento dispensado por nuestra Ley Jurisdiccional del desistimiento sirve para

arrojar luz sobre este particular. El artículo 74.6 excluye el automatismo de la imposición de las costas en el supuesto del desistimiento, lo que a su vez desplaza la aplicación del artículo 139.1, como ya hemos indicado; pero, por otra parte, su tenor literal antes trascrito que ahora reiteramos ('el desistimiento no implicará necesariamente la condena en costas') tampoco impide la condena en costas.

En definitiva, excluida la aplicación del criterio objetivo, la cuestión sobre una eventual condena en estos supuestos -es decir, en el supuesto del desistimiento, pero también de los restantes supuestos de terminación extraprocesal- queda remitida al criterio subjetivo del juzgador en la instancia, que habrá de tomar en consideración las circunstancias concurrentes en cada caso».

Caso práctico | ¿Procede tasar las costas al condenado que tenga concedida la asistencia jurídica gratuita?

PLANTEAMIENTO

X, que tiene reconocido el beneficio a la asistencia jurídica gratuita, ha resultado condenado en un procedimiento mediante sentencia que, entre otras cosas, incluye la condena en costas. El letrado de la Administración de Justicia ha dictado decreto aprobando la tasación de costas, e incluyendo requerimiento de pago a X. ¿Puede X recurrir dicho decreto por entender que no procede tasar las costas a un beneficiario de la asistencia jurídica gratuita?

RESPUESTA

No, nuestros tribunales han repetido en numerosas ocasiones que el hecho de tener reconocida la asistencia jurídica gratuita no implica que no puedan tasarse las costas, si no que no podrán ejecutarse.

En este sentido podemos citar la **STS n.º 1437/2023, de 18 de octubre, ECLI:ES:TS:2023:4380**, en la que podemos leer lo siguiente:

> «En cualquier caso, la condena en costas es compatible con disfrutar del beneficio de justicia gratuita y llevar a efecto la correspondiente tasación de costas para el caso de mejor fortuna, como resulta de lo dispuesto en el art. 36.2 LAJG (autos de esta sala de 11 de enero de 2022, en recurso 900/2019, 18 de enero de 2022, en recursos 1303/2019 y 1387/2015)».

En el mismo sentido el **auto del Tribunal Supremo, rec. 900/2019, de 11 de enero de 2022, ECLI:ES:TS:2022:1A**, establece que:

> «Según ha declarado esta Sala (AATS de 27 de abril de 2010, rec. n.º 416/2007, 7 de junio de 2011, rec. n.º 128/2009 y 29 de junio de 2015 rec. nº 2615/2014), el deber de pagar las costas existe y es carga procesal de la impugnante (STS de 18 de septiembre de 2009, 11 de noviembre de 2008, 23 de febrero de 2004 y 18 de junio de 2003 entre otras muchas) y por tanto resulta procedente la práctica de su tasación y de las actuaciones que la complementan en idénticos términos que en los casos en que el obligado al pago de las costas no tiene reconocido el beneficio de asistencia jurídica gratuita (AATS, de 30 de junio de 2010, rec. n.º 2640/2003, 23 de noviembre de 2010, rec. n.º 3467/1998).
>
> En consecuencia, el decreto en el que se aprueba la tasación de costas no tiene que pronunciarse sobre la suspensión de la vía de apremio, ya que esta no se ha iniciado y tampoco tiene que pronunciarse en términos abstractos sobre la posible exención del pago de las costas por la recurrente antes de que se inste la ejecución forzosa de la condena en costas, puesto que la aplicación del artículo 36.2 de la Ley 1/1996, de 10 de enero, de Asistencia Jurídica Gratuita, exige que se acrediten las circunstancias previstas en dicho precepto, bien para suspender el pago de las costas, bien para proceder a su exacción (ATS de 27 de abril de 2010, rec. n.º 416/2007). Tampoco, obviamente, ha de eximir

del pago de las costas, ya que su obligación, como se ha indicado, existe sin perjuicio de la aplicación del precepto antes citado.

En el mismo sentido se han pronunciado, entre otros, los AATS de 4 de noviembre de 2014, rec. 1744/2013, de 29 de junio de 2015, rec. 2401/2013, de 10 de febrero de 2016, rec. 2615/2014, de 14 de diciembre de 2016, rec. 2448/2014, y de 4 de octubre de 2017, rec.1288/2016».

También la **sentencia de la Audiencia Provincial de Barcelona n.º 201/2021, de 14 de mayo, ECLI:ES:APB:2021:5857**, que recoge:

«Debe distinguirse entre la tasación de costas y su exacción. Por lo que respecta a la tasación, la jurisprudencia viene declarando que nada impide la tasación de costas y su eventual cobro cuando el beneficiario llegue a mejor fortuna. Pero por lo que respecta al problema de la exacción de las costas frente al que ha obtenido el beneficio de Justicia Gratuita en modo alguno puede entrarse en la ejecución salvo que el beneficiario haya venido a mejor fortuna en el plazo de los tres años siguientes a la finalización del asunto.

(...) y si bien tiene derecho la parte favorecida por el pronunciamiento en costas a la liquidación de las costas, a solicitar su tasación y su aprobación, de conformidad con lo que establecen los arts. 243 y siguientes de la LEC, lo que no cabe es la exacción de las costas por la vía de apremio porque ello implicaría el pago de las costas por quien, de conformidad con el artículo 36.2 mencionado no está obligado a ello, salvo que mejore de fortuna dentro de los tres años siguientes a la terminación del proceso, para lo que deberá instarse el correspondiente incidente tendente a la obtención de resolución judicial en la que se reconozca el cambio de fortuna"».

A TENER EN CUENTA. En el orden social, el art. 235.1 de la Ley 36/2011, de 10 de octubre, reguladora de la jurisdicción social recoge que: «La sentencia impondrá las costas a la parte vencida en el recurso, excepto cuando goce del beneficio de justicia gratuita o cuando se trate de sindicatos, o de funcionarios públicos o personal estatutario que deban ejercitar sus derechos como empleados públicos ante el orden social (...)». Por tanto, en el orden social no procedería ni la imposición de las costas ni su tasación.

Caso práctico | ¿Quién tiene que hacer frente a los gastos de la búsqueda del cadáver? ¿La Administración o el condenado en costas?

PLANTEAMIENTO

En un procedimiento penal en el que se investiga la comisión de determinados delitos, la autoridad judicial ordena realizar determinados trabajos dentro de la investigación criminal, entre los que destaca la búsqueda de un cadáver. ¿Quién tiene que asumir el coste de dicha búsqueda? ¿Procede su inclusión en las costas del procedimiento?

RESPUESTA

La **STS n.º 179/2022, de 14 de febrero, ECLI:ES:TS:2022:571**, resuelve estas cuestiones entendiendo que los gastos generados en la instrucción de un proceso penal han de ser calificados como gastos necesarios para el buen funcionamiento de la Administración de Justicia y por ello, sufragados por la Administración competente, independientemente de que puedan ser incluidos en las costas, y por tanto, repercutidos al condenado (en costas).

Nuestro Alto Tribunal da la razón a la sala de instancia entendiendo que los costes generados en un procedimiento criminal como consecuencia de trabajos ordenados por el órgano judicial han de ser conceptuados como **gastos a cargo de la Administración pública** competente para asegurar el buen funcionamiento de la Administración de Justicia, ya que lo contrario podría ocasionar graves perjuicios a quien hubiese prestado el servicio, tales como el impago o el retraso indeterminado en el abono de los costes que no tiene obligación de soportar.

«Por ello, entendemos en este caso concreto que los gastos generados en la búsqueda del cuerpo en el curso de la investigación criminal inicial, más que propiamente un gasto de la instrucción del proceso, se incardinan con mejor acomodo en la dotación económica a que viene obligada la Administración para el funcionamiento y puesta en marcha de la Administración de Justicia.

Así, tanto en los casos en que dicha investigación judicial no culmine con una sentencia de condena, piénsese por ejemplo en aquellos en que se acuerde el sobreseimiento provisional de la causa penal, como en aquellos otros en los que la causa finalice por sentencia sobre el fondo, consideramos que la efectividad del mandato de colaboración y auxilio a la Justicia e incluso su propio funcionamiento eficaz en el ámbito penal, exige no solo esa obligación legal y constitucional de acatar las resoluciones judiciales, sino también la seguridad jurídica de que dicha colaboración eficaz será retribuida en su costo real.

Por ello se estima que los gastos de búsqueda del cuerpo del delito que ahora se reclaman por la actora tras haber acatado la resolución judicial que acordaba en tal sentido, deben ser satisfechos por la Administración, en este caso autonómica según el Decreto de Transferencias de competencias y servicios a que se ha hecho referencia, conforme se ha decretado en ocasiones anteriores como en la Sentencia del Tribunal Superior de Justicia de Andalucía aportada por la actora, pues constituyen más que gastos de la instrucción de la causa en el sentido previsto en el art. 241 LECrim., gastos necesarios para el funcionamiento, puesta en marcha y consecución de los objetivos que deben predicarse de toda Administración de Justicia." (fundamentos de derecho segundo y tercero)».

Esto no impide que, de existir condena en costas, la administración que ha hecho frente al pago del coste pueda repercutirlo al condenado en costas, pues nada impide que pueda considerarse este gasto como parte de las costas del proceso:

«Así pues, el artículo 124 del Código Penal incluye en las costas los "derechos e indemnizaciones ocasionados en las actuaciones judiciales" y no hay dificultad en entender que al prestar una obligada colaboración con la instrucción judicial con la búsqueda del cuerpo de la víctima, la mercantil codemandada ha generado unos derechos de pago por los servicios prestados que pueden ser incluidos en las costas. Todavía menos problemas interpretativos plantea el artículo 241 LECrim, al incluir su apartado 4.º en las costas "los demás gastos que se hubiesen ocasionado en la instrucción de la causa", lo que sin duda permite comprender en las costas gastos generados por una labor de búsqueda ordenada por el órgano judicial. En este mismo sentido se pronunció la Sala Segunda de este Tribunal Supremo en su sentencia de 29 de enero de 2013 (recurso de casación 10145/2012 P, fundamento de derecho decimoquinto.4). En todo caso, habrá de ser el órgano judicial sentenciador el que determine si unos determinados gastos han de ser considerados costas en el asunto concreto de que se trate».

Concluye la mentada sentencia:

«(...) que gastos como los de autos o semejantes puedan ser comprendidos en las costas no invalida ni es contradictorio con lo afirmado previamente, esto es, con que tales gastos hayan de ser asumidos tan pronto como se producen por la Administración Pública responsable para garantizar el buen funcionamiento de la Administración de Justicia. Pero es claro también que dicha Administración podrá repercutir tales gastos en las costas si se produce condena en costas y el órgano judicial considera que tales gastos han de ser efectivamente comprendidos en las costas. A tal objeto la Administración habrá de dirigirse al órgano judicial sentenciador solicitando que le sean compensadas las cantidades abonadas en su momento y deberá estar a la decisión judicial sobre la inclusión o no de tales gastos en las costas atendiendo a las concretas circunstancias del caso».

Caso práctico | Declarada una cláusula abusiva pero no estimadas las pretensiones restitutorias, ¿pueden condenar en costas al banco?

PLANTEAMIENTO

En un procedimiento se solicita que se declare la nulidad de una cláusula del contrato de préstamo hipotecario por considerarla abusiva y el reintegro de las cantidades indebidamente pagadas. La sentencia que resuelve el asunto declara, tal como se solicitó, que la cláusula es abusiva, sin embargo, no admite la petición de las cantidades. En este supuesto, teniendo en cuenta que las pretensiones restitutorias no se han estimado, ¿procede condenar en costas al banco en primera instancia?

RESPUESTA

Sí, estimadas las acciones de nulidad por abusivas de la cláusula, aunque no se hayan estimado las pretensiones restitutorias, procede la imposición en costas al banco en primera instancia. Así lo ha reconocido el Tribunal Supremo en la **sentencia n.º 288/2023, de 22 de febrero, ECLI:ES:TS:2023:563**:

> «Las exigencias previstas en los arts. 6.1 y 7.1 de la Directiva 93/13/CEE y los principios de no vinculación y de efectividad del Derecho de la UE, en los términos en que han sido interpretadas por nuestras sentencias, en especial la nº 35/2021, de 27 de enero, conducen a que, estimadas las acciones de nulidad por abusivas de cláusulas impuestas, en este caso la de gastos e intereses moratorios, aunque no se hayan estimado las pretensiones restitutorias, proceda la imposición de las costas de la primera instancia al banco demandado. Ello es conforme con la Sentencia del Tribunal de Justicia de 16 de julio de 2020, asuntos acumulados C-224/19 y C-259/19».

El Tribunal de Justicia de la Unión Europea se ha pronunciado señalando que el hecho de que no se condene en costas a la entidad bancaria, por no haberse admitido las pretensiones restitutorias, es contrario al Derecho de la Unión por cuanto puede disuadir al consumidor de ejercer el derecho al control de abusividad de las cláusulas, así lo ha señalado en la sentencia, asunto C-224/19, de 16 de julio de 2020, ECLI:EU:C:2020:578:

> «En efecto, resulta de los autos que obran en poder del Tribunal de Justicia que la aplicación del artículo 394 de la LEC podría tener el efecto de que no se condenara al profesional al pago íntegro de las costas cuando se estime plenamente la acción de nulidad de una cláusula contractual abusiva ejercitada por un consumidor, pero solo se estime parcialmente la acción de restitución de las cantidades pagadas en virtud de esta cláusula.
> (...)
> En este sentido, es preciso señalar que de los autos que obran en poder del Tribunal de Justicia no se desprende en modo alguno que el referido artículo se aplique de manera diferente en función de que sea el Derecho de la Unión

o el Derecho interno el que confiera el derecho en cuestión. No obstante, es necesario pronunciarse sobre la cuestión de si es compatible con el principio de efectividad el hecho de hacer que recaigan sobre el consumidor las costas de un procedimiento dependiendo de las cantidades que se le restituyen, aunque se haya estimado su pretensión en relación con el carácter abusivo de la cláusula impugnada.

(...)

En este caso, la Directiva 93/13 reconoce al consumidor el derecho de acudir a un juez para que se declare el carácter abusivo de una cláusula contractual y para que se deje sin aplicar. Pues bien, condicionar el resultado de la distribución de las costas de un procedimiento de esa índole únicamente a las cantidades indebidamente pagadas y cuya restitución se ordena puede disuadir al consumidor de ejercer tal derecho debido a los costes que implica una acción judicial (véase, en este sentido, la sentencia de 13 de septiembre de 2018, Profi Credit Polska, C-176/17, EU:C:2018:711, apartado 69).

Habida cuenta del conjunto de las anteriores consideraciones, procede responder a la duodécima cuestión prejudicial planteada en el asunto C-224/19 que el artículo 6, apartado 1, y el artículo 7, apartado 1, de la Directiva 93/13, así como el principio de efectividad, deben interpretarse en el sentido de que se oponen a un régimen que permite que el consumidor cargue con una parte de las costas procesales en función del importe de las cantidades indebidamente pagadas que le son restituidas a raíz de la declaración de la nulidad de una cláusula contractual por tener carácter abusivo, dado que tal régimen crea un obstáculo significativo que puede disuadir a los consumidores de ejercer el derecho, conferido por la Directiva 93/13, a un control judicial efectivo del carácter potencialmente abusivo de cláusulas contractuales».

Caso práctico | ¿Una asociación medioambiental debe pagar las costas de un juicio?

PLANTEAMIENTO

Una asociación medioambiental interpone un recurso contencioso-administrativo frente a una empresa. La sentencia que se dicta en el proceso desestima el recurso y condena en costas a la asociación. Posteriormente se dictó el decreto de aprobación de la tasación de costas, que fue recurrido en revisión por la asociación medioambiental por infringir el ordenamiento jurídico al ser contrario al derecho de asistencia jurídica gratuita que tiene reconocido. Dado que las asociaciones medioambientales tienen reconocido el derecho de asistencia jurídica, ¿están exentas del pago de las costas judiciales?

RESPUESTA

Sí, las asociaciones medioambientales están exentas del pago de las costas judiciales, resultando indebidas por expresa disposición legal.

Respecto a esta cuestión se ha pronunciado el Tribunal Supremo en el **auto, rec. 42/2017, de 13 de marzo de 2019, ECLI:ES:TS:2019:3200A** en el que se analiza el alcance del reconocimiento del derecho a la asistencia jurídica gratuita que recoge el art. 23.2 de la Ley 27/2006, de 18 de julio, precepto que establece:

> «2. Las personas jurídicas sin ánimo de lucro a las que se refiere el apartado anterior tendrán derecho a la asistencia jurídica gratuita en los términos previstos en la Ley 1/1996, de 10 de enero, de Asistencia Jurídica Gratuita».

Razona el Alto Tribunal que en el caso de las asociaciones medioambientales no están sujetas a lo establecido en el art. 36.2 de la Ley 1/1996, de 10 de enero que señala:

> «2. Cuando en la resolución que ponga fin al proceso fuera condenado en costas quien hubiera obtenido el reconocimiento del derecho a la asistencia jurídica gratuita o quien lo tuviera legalmente reconocido, éste quedará obligado a pagar las causadas en su defensa y las de la parte contraria, si dentro de los tres años siguientes a la terminación del proceso viniere a mejor fortuna, quedando mientras tanto interrumpida la prescripción del artículo 1.967 del Código Civil. Se presume que ha venido a mejor fortuna cuando sus ingresos y recursos económicos por todos los conceptos superen el doble del módulo previsto en el artículo 3, o si se hubieran alterado sustancialmente las circunstancias y condiciones tenidas en cuenta para reconocer el derecho conforme a la presente Ley. Le corresponderá a la Comisión la declaración de si el beneficiario ha venido a mejor fortuna conforme a lo dispuesto en el artículo 19, pudiendo ser impugnada la resolución que dicte en la forma prevista en el artículo 20».

Y ello por el hecho de que las asociaciones medioambientales tienen legalmente reconocido el derecho de asistencia jurídica gratuita —en el art 23.2 de la Ley 27/2006 de 18 de julio— sin necesidad de que acrediten la insuficiencia de recursos para litigar que se exige en el art. 2.c) de la Ley de asistencia jurídica gratuita.

Caso práctico | ¿Puede recurrirse en revisión el decreto que aprueba la tasación de costas si no se impugnó previamente la misma?

PLANTEAMIENTO

En un supuesto en el que el letrado de la Administración de Justicia en un procedimiento de tasación de costas no haya aplicado el límite recogido en el párrafo tercero del art. 243.2 de la LEC, según el cual las costas no podrán superar la tercera parte de la cuantía del proceso, ¿puede el condenado a pagar las costas recurrir en revisión el decreto que las aprueba si no realizó la impugnación de la tasación en su momento?

RESPUESTA

No, el Tribunal Supremo en su **auto, rec. 2112/2020, de 14 de febrero del 2023, ECLI:ES:TS:2023:3075A,** ha dispuesto que en el caso de que el letrado de la Administración de Justicia no haya aplicado de oficio la reducción de los honorarios en el momento de tasar las costas, la parte condenada, en el trámite de impugnación previsto en el art. 245.2 de la LEC, tiene la posibilidad de poner de manifiesto esa infracción, y si no lo hace no puede plantearlo a través del recurso de revisión contra el decreto que aprueba la tasación de costas.

Se establece en el mentado auto que: «(...) *la parte condenada tiene la carga de impugnar la tasación por su consideración de indebida y si no lo hace no puede plantearlo a través del recurso de revisión contra el decreto que aprueba la tasación de costas, y que el hecho de que el límite establecido en el art. 394.3 LEC sea aplicable de oficio por el letrado de la Administración de Justicia a la hora de practicar la tasación de costas, sin tener que esperar a que sea esgrimido por la parte condenada a través del trámite de impugnación, no significa que en el supuesto de que no se haya aplicado dicho reducción la parte perjudicada no esté obligada a reaccionar en tiempo y forma, con la debida diligencia, en defensa de sus derechos, a través de la impugnación de la tasación de costas».*

Aclara también nuestro Alto Tribunal que a pesar de que aplicar el límite legal previsto sea una obligación del letrado de la Administración de Justicia, podrá impugnarse la tasación bien por el condenado, cuando el LAJ no lo haya aplicado, o bien por el beneficiario, cuando los honorarios se hayan reducido en una cuantía superior a dicho límite, especificando que la impugnación debe tramitarse por el cauce de indebidos. Añadiendo también que, al no cuestionarse la debida aplicación de las normas orientadoras de los colegios de abogados, no es necesario recabar informe de estos.

Concluye el TS que:

> «Aunque esta Sala en algún supuesto aislado haya entendido lo contrario (por ejemplo, en el Auto de 22 de abril de 2015), en el caso de que el letrado de la Administración de Justicia no haya aplicado de oficio la reducción de los honorarios en el momento de tasar las costas (art. 243.2. III LEC), la parte condenada, en el trámite de impugnación previsto en el art. 245.2 LEC, tiene la posibilidad y la carga de poner de manifiesto esa infracción, y si no lo hace no

puede plantearlo a través del recurso de revisión contra el decreto que aprueba la tasación de costas.

En definitiva, el hecho de que el límite establecido en el art. 394.3 LEC sea aplicable de oficio por el letrado de la Administración de Justicia a la hora de practicar la tasación de costas, sin tener que esperar a que sea esgrimido por la parte condenada a través del trámite de impugnación, no significa que en el supuesto de que no se haya aplicado dicho reducción la parte perjudicada no esté obligada a reaccionar en tiempo y forma, con la debida diligencia, en defensa de sus derechos, a través de la impugnación de la tasación de costas. Se trata de un requisito inexcusable y una carga impuesta a la parte, ya que de no hacerlo así pierde la oportunidad de denunciar la irregularidad en la práctica de la tasación de costas a través del recurso de revisión contra el decreto que la aprueba».

Caso práctico | ¿Procede la inclusión en las costas de la minuta del letrado cuando se ha desistido del recurso de casación?

PLANTEAMIENTO

«X» ha presentado un recurso de casación del que posteriormente ha desistido. El tribunal le impone la condena en costas, y la parte contraria al tasarlas incluye la minuta del abogado, siendo esta partida impugnada por «X». Finalmente el letrado de la Administración de Justicia estima la impugnación. ¿Puede la parte beneficiaria en costas impugnar esta exclusión por entender que la actuación del abogado no se limitó a personarse en el procedimiento, sino que también realizó alegaciones sobre las causas de inadmisión del recurso de casación?

RESPUESTA

No, el art. 32 de la LEC en su apartado 5 dispone que cuando la intervención de abogado y procurador no sea preceptiva, no se incluirán en las costas los servicios de dichos profesionales, y en este caso no es necesaria la intervención del abogado para personarse en el recurso, ni tampoco para realizar las alegaciones previstas en el art. 479 de la LEC, ya que este es un trámite potestativo.

> **A TENER EN CUENTA.** El artículo 32.5 de la LEC ha sido modificado por la LO 1/2025, de 2 de enero, en vigor desde el 03/04/2025, añadiendo un último párrafo que reza como sigue: «En el caso en el que, pese a no ser preceptiva la intervención de abogado o abogada ni de procurador o procuradora, el consumidor opte por valerse de estos profesionales para interponer demanda tras haber formulado una reclamación extrajudicial previa, en la tasación de costas se incluirá la cuenta del procurador y la minuta del abogado, en este último caso sin el límite establecido en el artículo 394.3».

En este sentido se ha pronunciado el **auto del Tribunal Supremo, rec. 1096/2021, de 24 de mayo del 2022, ECLI:ES:TS:2022:8085A**, que establece que:

> «(...) esta sala viene considerando que la personación no requiere la intervención de abogado y que por ello se trata de una actuación no minutable.
>
> Así, el auto de 16 de marzo de 2016, rec. 999/2007 señalo que: "El estudio efectuado por el letrado al conocer la interposición del recurso de casación sin perjuicio de lo convenido en la relación abogado-cliente, pero sin materialización alguna en el proceso no es una actuación procesal y no es una partida susceptible de ser incluida en las costas con repercusión de su pago a la parte condenada al pago". En el mismo sentido, autos de 17 de junio de 2015, rec. 1623/2013, 19 de julio de 2017, rec. 676/2016, y más recientemente, autos de 19 de marzo de 2019, rec. 3500/2017, y 11 de junio de 2019, rec. 3682/2016.
>
> El auto de 8 de noviembre de 2017, rec. 1608/2015 matizó que la anterior doctrina es también aplicable en casos como el presente, en que el abogado no se limita a personarse sino que, amparándose en el art. 479.2 LEC, en redac-

ción dada por la Ley 37/2011, de 10 de octubre, realiza alegaciones formulando oposición a la admisión del recurso o los recursos extraordinarios, puesto que de la simple lectura del citado precepto, y en concreto de su último párrafo, se advierte el carácter meramente potestativo ("podrá") y no preceptivo del trámite de la oposición a la admisión del recurso en el momento comparecer ante el tribunal de casación».

Concluye la sala que la intervención del abogado que no se limita a personarse, sino que también se opone a la admisión de los recursos, no es una actuación minutable por su carácter potestativo y que por tanto deben ser excluidos de la tasación de costas por indebidos.

Caso práctico | Estimada la oposición por causas apreciadas de oficio, ¿se le imponen las costas al ejecutante?

PLANTEAMIENTO

Un juzgado dicta auto en el que estima la oposición formulada por el ejecutado, pero por causas apreciadas de oficio que no han sido alegadas por la parte. Este auto impone las costas procesales al ejecutante, quien interpone recurso de apelación impugnando la imposición de costas, señalando que el razonamiento del auto se basa en que no se hubiera tenido que despachar la ejecución. ¿Debe entenderse que al estimar la oposición deben imponerse las costas al ejecutante?

RESPUESTA

Si bien es cierto que conforme al art. 561 de la LEC debe aplicarse el criterio del vencimiento objetivo, en caso de que entendamos que el caso presenta serias dudas de hecho o derecho no se impondrán las costas al ejecutante en virtud del apartado 1 del art. 394 de la LEC.

> **A TENER EN CUENTA.** El art. 394.1 de la LEC ha sido objeto de reforma por la LO 1/2025, de 2 de enero, en vigor a partir de 03/04/2025, que añade un segundo párrafo con el tenor literal siguiente: «No obstante, cuando la participación en un medio de solución de conflictos sea legalmente preceptiva, o se hubiere acordado, previa conformidad de las partes, por el juez, la jueza o el tribunal o el letrado o la letrada de la Administración de Justicia durante el curso del proceso, no habrá pronunciamiento de costas a favor de aquella parte que hubiere rehusado expresamente o por actos concluyentes, y sin justa causa, participar en un medio adecuado de solución de controversias al que hubiese sido efectivamente convocado».

La concurrencia de serias dudas de hecho o derecho puede deducirse que, en primer lugar, la causa de oposición no ha sido alegada por la parte ejecutada, sino que el juzgado aprecia de oficio y no es en puridad una causa de oposición, sino que lo que se está negando es el despacho de la ejecución.

En segundo lugar, debe tenerse en cuenta que la ejecución ha sido desestimada porque no habría tenido que despacharse la ejecución, en consecuencia, el que se haya tramitado incidente de oposición con los correspondientes escritos, no es imputable al ejecutante, sino al juzgado que debiera haber inadmitido la demanda ejecutiva. En tal caso, la inadmisión de la demanda no habría generado costas.

Por tanto, en el caso expuesto siendo posible apreciar que concurren serias dudas de derecho no cabe la imposición de costas al ejecutante, así lo ha señalado la Audiencia Provincial de Barcelona en el **auto n.º 409/2023, de 22 de diciembre, ECLI:ES:APB:2023:13471A**.

Caso práctico | ¿Puede ser condenado a costas el sindicato empleador que es parte recurrida?

PLANTEAMIENTO

Emilia, trabajadora de un sindicato, es despedida por causas objetivas. No estando conforme con el despido intenta conciliación en la que no se llega a acuerdo, por tanto, decide interponer demanda ante el juzgado de lo social. En primera instancia se desestima la demanda al apreciar caducidad de la acción y, en vistas de ello, Emilia decide interponer recurso de suplicación. El tribunal superior de justicia estima el recurso declarando que la acción no estaba caducada y condenando en costas al sindicato. ¿Puede, en este caso, condenarse en costas al sindicato?

RESPUESTA

No, en el caso expuesto no es posible la condena en costas al sindicato porque, aún actuando como empleador, el mismo es parte recurrida por lo que no cabe su condena en costas conforme al art. 235.1 de la LRJS. Esta conclusión es la que establece el Tribunal Supremo en la **sentencia n.° 609/2022, de 5 de julio, ECLI:ES:TS:2022:2814,** la cual señal:

> «A)La impugnación al recurso insiste en que el sindicato recurrente en suplicación (y ahora en casación) actúa como empleador, de manera que no cabe aplicarle la exención de costas que posee cuando actúa como representante de intereses colectivos.
>
> En este punto tiene razón la impugnante. La STS 11 mayo 2016 (rcud. 3323/2014; Pleno) condensa la doctrina de esta Sala sobre la exención de las costas procesales a los sindicatos cuando actúan en defensa de intereses colectivos y, por otro lado, por la vinculación de las costas con el derecho de justicia gratuita que la propia norma procesal otorga por primera vez en favor de los sindicatos pero condicionada a que ejerciten un interés colectivo (art. 20.4 LRJS) . Pero no puede extenderse tal exclusión a cualquier tipo de proceso en que los sindicatos intervengan, comprendiendo incluso los supuestos en los que actúen defensa de sus posibles intereses particulares o privativos, como acontece cuando intervienen en el proceso social en su condición de empresarios. Por lo que la exención de costas procesales a los sindicatos en su condición de parte vencida en los recursos de suplicación o de casación, establecida en el art. 235.1 LRJS, está condicionada, al igual que el derecho de justicia gratuita otorgado a los sindicatos en el art. 20.4 LRJS a que "ejerciten un interés colectivo en defensa de los trabajadores y beneficiarios de la seguridad social".
>
> B) Partiendo de que al sindicato empleador no le alcanza la exención de la condena en costas, hay que advertir que lo cuestionado ahora no es eso, sino la pertinencia de imponerlas por haber fracasado su impugnación al recurso de suplicación.
>
> Un sinfín de sentencias de esta Sala Cuarta sigue el mismo criterio que la invocada como referencial: no procede la imposición de costas a quien actúa como recurrido en un recurso que resulte acogido; la parte vencida en el recurso a la que alude el artículo 235.1 LRJS es exclusivamente aquella que

hubiera actuado como recurrente y cuya pretensión impugnatoria hubiese sido rechazada; no, por tanto, la que hubiera asumido en el recurso la posición de recurrida, defendiendo, sin éxito, el pronunciamiento impugnado.

La STS 18 octubre 2006 (rcud. 396/2005), con cita de otras muchas, explica que la parte vencida en el recurso a la que alude el precepto procesal de referencia es exclusivamente aquella que hubiera actuado como recurrente y cuya pretensión impugnatoria hubiese sido rechazada; no, por tanto, la que hubiera asumido en el recurso la posición de recurrida, defendiendo, sin éxito, el pronunciamiento impugnado. En el mismo sentido, por todas, SSTS 29 enero 2007 (rcud. 4138/2005) y 29 enero 2009 (rcud. 1013/2006): solo cabe imponer las costas a la parte recurrente que es vencida, no a la empleadora que comparece como recurrida y ve revocada la decisión de instancia que le fue favorable».

Caso práctico | Las especialidades de las costas procesales en los procesos judiciales por cláusulas abusivas

PLANTEAMIENTO

En los procesos judiciales por cláusulas abusivas, ¿qué especialidades se han establecido jurisprudencialmente? ¿Se excluye la aplicación de la excepción al principio de vencimiento objetivo?

RESPUESTA

Dada la ingente cantidad de demandas en las que se planteaba la abusividad de determinadas cláusulas incluidas en distintos tipos de contratos con entidades bancarias, existe numerosa jurisprudencia al respecto fijando distintos aspectos que deben de tenerse en cuenta a la hora de abordar el tema de las costas procesales.

En primer lugar, destacar que existen importantes pronunciamientos a este respecto que han terminado estableciendo que la entidad prestamista deberá hacer frente a las costas en aquellos pleitos seguidos por la tramitación de las cláusulas abusivas en los que, declarándose la nulidad de las mismas, se estime la pretensión del consumidor.

A través de la **sentencia del Tribunal Supremo n.º 419/2017, de 17 de julio, ECLI:ES:TS:2017:2501**, la Sala Primera del Tribunal Supremo, se pronunció por primera vez sobre la imposición de costas de las instancias anteriores tras la estimación del recurso de casación interpuesto por un particular, con la consiguiente obligación de restitución de la totalidad de las cantidades cobradas de más en virtud de la cláusula suelo declarada nula, con completo efecto retroactivo, tras ajustar la sala su doctrina a la del Tribunal de Justicia de la Unión Europea.

La citada sentencia, en aplicación del principio de efectividad de la Unión Europea, señala que, **si en los litigios sobre cláusulas abusivas se aplicara la excepción a la regla de vencimiento contenida en nuestro ordenamiento jurídico, por la existencia en el caso de serias dudas de hecho y de derecho, no se restablecería la situación de hecho y de derecho a la que se habría dado si no hubiera existido la cláusula suelo abusiva** y, por tanto, el consumidor no quedaría indemne pese a contar a su favor con una norma procesal nacional cuya regla general le eximiría de esos gastos. En suma, se produciría un efecto disuasorio inverso, no para que los bancos dejaran de incluir las cláusulas suelo en los préstamos hipotecarios, sino para que los consumidores no promovieran litigios por cantidades moderadas. Concluye pues la sentencia, señalando que la regla general del vencimiento en materia de costas procesales favorece la aplicación del principio de efectividad del Derecho de la Unión y, en cambio, la salvedad a dicha regla general supone un obstáculo para la aplicación de ese mismo principio.

En resumen y conclusión, en aplicación del principio de efectividad del Derecho de la Unión Europea, y en concreto, de la Directiva 93/13/CEE, se excluye la aplicación de la excepción, basada en la existencia de dudas de derecho, al principio del vencimiento objetivo en materia de costas en los litigios sobre cláusulas abusivas en que la demanda del consumidor resultaba estimada.

En segundo lugar, es importante tener en cuenta que en aquellos supuestos en los que se declare la nulidad de la cláusula de gastos, por abusiva, deberá condenarse en costas al banco, en todo caso, con independencia de las cantidades indebidamente pagadas que se reintegren al consumidor. Esta es la respuesta dada en la **sentencia del Tribunal de Justicia de la Unión Europea, C-224/19, de 16 de julio de 2020, ECLI:EU:C:2020:578**, en la que, respondiendo a la cuestión prejudicial planteada relativa a la compatibilidad del régimen legal de distribución de costas (artículo 394 de la LEC), con la Directiva 93/13/CEE, del Consejo sobre las cláusulas abusivas en los contratos celebrados con los consumidores, en el sentido de que si el apartado primero del artículo 6 de la Directiva 93/13 en relación con el apartado 1 del artículo 7 de la misma, así como el principio de efectividad, se opone a un régimen que permita que el consumidor se haga cargo de las costas causadas a su instancia y las comunes por mitad:

«el órgano jurisdiccional remitente pregunta, fundamentalmente, si el artículo 6, apartado 1, y el artículo 7, apartado 1, de la Directiva 93/13 deben interpretarse en el sentido de que se oponen a un régimen que permite que el consumidor cargue con una parte de las costas procesales en función del importe de las cantidades indebidamente pagadas que le son restituidas a raíz de la declaración de la nulidad de una cláusula contractual por tener carácter abusivo.

En efecto, resulta de los autos que obran en poder del Tribunal de Justicia que la aplicación del artículo 394 de la LEC podría tener el efecto de que no se condenara al profesional al pago íntegro de las costas cuando se estime plenamente la acción de nulidad de una cláusula contractual abusiva ejercitada por un consumidor, pero solo se estime parcialmente la acción de restitución de las cantidades pagadas en virtud de esta cláusula.

A este respecto, resulta de la jurisprudencia mencionada en el anterior apartado 83 que la distribución de las costas de un proceso judicial sustanciado ante los órganos jurisdiccionales pertenece a la esfera de la autonomía procesal de los Estados miembros, siempre que se respeten los principios de equivalencia y de efectividad.

En este sentido, es preciso señalar que de los autos que obran en poder del Tribunal de Justicia no se desprende en modo alguno que el referido artículo se aplique de manera diferente en función de que sea el Derecho de la Unión o el Derecho interno el que confiera el derecho en cuestión. No obstante, es necesario pronunciarse sobre la cuestión de si es compatible con el principio de efectividad el hecho de hacer que recaigan sobre el consumidor las costas de un procedimiento dependiendo de las cantidades que se le restituyen, aunque se haya estimado su pretensión en relación con el carácter abusivo de la cláusula impugnada.

Por lo que se refiere a la cuestión del respeto del principio de efectividad, esta debe apreciarse habida cuenta de los elementos recordados en el anterior apartado 85.

En este caso, la Directiva 93/13 reconoce al consumidor el derecho de acudir a un juez para que se declare el carácter abusivo de una cláusula contractual y para que se deje sin aplicar. Pues bien, condicionar el resultado de la distribución de las costas de un procedimiento de esa índole únicamente a las cantidades indebidamente pagadas y cuya restitución se ordena puede disuadir al consumidor de ejercer tal derecho debido a los costes que implica una acción judicial (véase, en este sentido, la sentencia de 13 de septiembre de 2018, Profi Credit Polska, C-176/17, EU:C:2018:711, apartado 69).

Habida cuenta del conjunto de las anteriores consideraciones, procede responder a la duodécima cuestión prejudicial planteada en el asunto C-224/19 que el artículo 6, apartado 1, y el artículo 7, apartado 1, de la Directiva 93/13, así como el principio de efectividad, deben interpretarse en el sentido de que se oponen a un régimen que permite que el consumidor cargue con una parte de las costas procesales en función del importe de las cantidades indebidamente pagadas que le son restituidas a raíz de la declaración de la nulidad de una cláusula contractual por tener carácter abusivo, dado que tal régimen crea un obstáculo significativo que puede disuadir a los consumidores de ejercer el derecho, conferido por la Directiva 93/13, a un control judicial efectivo del carácter potencialmente abusivo de cláusulas contractuales».

A través de la **STS n.º 472/2020, de 17 de septiembre, ECLI:ES:TS:2020:2838**, el Pleno de la Sala Primera del Tribunal Supremo **reitera su doctrina sobre el principio de efectividad del Derecho de la Unión Europea, para excluir, en los litigios sobre cláusulas abusivas en que la demanda del consumidor resulta estimada, la aplicación de la excepción al principio del vencimiento objetivo en materia de costas basada en la existencia de serias dudas de derecho.**

Nuestro Alto Tribunal comienza argumentando su decisión estableciendo que la regulación de las costas procesales en los litigios sobre cláusulas abusivas en contratos no negociados concertados con consumidores pertenece en principio a la esfera del principio de autonomía procesal de los Estados miembros y que, por tal razón, la regulación de la imposición de las costas, que se contiene en los artículos 394 y siguientes de la Ley de Enjuiciamiento Civil, no colisionará con el Derecho de la UE, y en concreto, con la Directiva 93/13/CEE del Consejo, de 25 de febrero, si se respetan los principios de efectividad y equivalencia, poniendo de relieve que tal circunstancia ha sido así declarada por el Tribunal de Justicia de la Unión Europea con reiteración, mentando la STJUE, **asunto C-224/19 y C-259/19 de fecha 16 de julio de 2020, ECLI:EU:C:2020:578.**

Ahora bien, continúa señalando que el respeto al principio de efectividad del Derecho de la Unión Europea exige dar cumplimiento a otros dos principios:

a) el de no vinculación de los consumidores a las cláusulas abusivas (apartado primero del artículo 6 de la Directiva 93/13/CEE) y,

b) el del efecto disuasorio del uso de cláusulas abusivas en los contratos no negociados celebrados con los consumidores —apartado primero del artículo 7. del precitado texto legal—.

Conforme a lo expuesto, el Tribunal Supremo estima el recurso de los consumidores e impone al banco las costas de la primera instancia. Considera, en línea con el pronunciamiento arriba referido (**STS n.º 419/2017, de 4 de julio, ECLI:ES:TS:2017:2501**), y con la doctrina establecida por el **TJUE en su sentencia n.º C-224/19, de 16 de julio de 2020** (expuesta en el punto inmediatamente anterior), que en los litigios sobre cláusulas abusivas, si en virtud de la excepción a la regla general del vencimiento por la existencia de serias dudas de hecho o de derecho, el consumidor, pese a vencer en el litigio, tuviera que pagar íntegramente los gastos derivados de su defensa y representación, no se restablecería la situación de hecho y de derecho que se habría dado si no hubiera existido la cláusula abusiva y, por tanto, no quedaría indemne pese a contar a su favor con una norma procesal nacional cuya regla general le eximiría de esos gastos.

En suma, tal y como señala la sentencia objeto de estudio, si el consumidor tiene que pagar sus costas pese a vencer el litigio, se produciría un efecto disuasorio inverso, pues no se disuadiría a los bancos de incluir las cláusulas abusivas en los préstamos hipotecarios, sino que se disuadiría a los consumidores de promover litigios por cantidades moderadas, motivo por el que nuestro Alto Tribunal, recoge que, con carácter general, el banco prestamista tendrá que pagar las costas causadas en los procedimientos en los que, por cláusulas abusivas, se estime la pretensión del consumidor.

Resulta importante destacar en este punto, que de conformidad con lo previsto en el apartado primero del **artículo 395 de la LEC,** si el banco se allanara a la demanda antes de contestarla, no procedería la condena en costas, ahora bien, debe tenerse en cuenta que dicho precepto exceptúa tal aplicación si «(...) *el tribunal, razonándolo debidamente, apreciare mala fe en el demandado».*

> **A TENER EN CUENTA.** Estas sentencias han sido dictadas antes de la reforma realizada por la LO 1/2025, de 2 de enero, con entrada en vigor el 03/04/2025. En concreto el apartado 1, párrafo primero, del artículo 395 de la LEC se modifica, estableciendo a partir de dicha fecha, además de la mala fe del demandado, el abuso del servicio público de justicia.

Por su parte, el párrafo segundo art. 395.1 de la LEC dispone que se considera que existe mala fe cuando antes de presentar la demanda se hubiese formulado al demandado requerimiento fehaciente y justificado de pago, o si se hubiera iniciado procedimiento de mediación o dirigido contra él solicitud de conciliación.

> **A TENER EN CUENTA.** El párrafo segundo del artículo 395.1 de la LEC también se modifica, estableciendo a partir de dicha fecha: «(...) que existe mala fe a estos efectos cuando, antes de presentada la demanda, se hubiese requerido al demandado para el cumplimiento de la obligación de forma fehaciente y justificada, o cuando hubiese rechazado el acuerdo ofrecido o la participación en un medio adecuado de solución de controversias».

Lo antedicho, unido a que el prestatario demandante haya recurrido a la reclamación extrajudicial de manera previa a la interposición a la demanda, habiendo sido rechazada dicha solicitud por la entidad financiera podría llegar a conllevar la condena en costas y ello, a la luz de la **sentencia del Tribunal Supremo n.º 36/2021, de 27 de enero, ECLI:ES:TS:2021:100,** declara que, **en aquellos supuestos en los que el consumidor que ha formulado reclamación extrajudicial contra la entidad financiera** con relación a la cláusula suelo antes de la entrada en vigor del Real Decreto-ley 1/2017, de 20 de enero, de medidas urgentes de protección de consumidores en materia de cláusula suelo, **y la ha visto rechazada, no puede verse privado del vencimiento en costas en caso de allanamiento de la entidad financiera** por no haber reiterado su reclamación tras la entrada en vigor de dicha norma.

> **A TENER EN CUENTA.** El Real Decreto-ley 1/2017, de 20 de enero, queda derogado desde el 03/04/2025, fecha de entrada en vigor del título II de la LO 1/2025, de 2 de enero, que regula los medios alternativos de solución de controversias. En materia de reclamación de devolución de cantidades indebidamente satisfechas por el consumidor en aplicación de determinadas cláusulas suelo o de cualesquiera otras cláusulas que se consideren abusivas contenidas en contratos de préstamo o crédito garantizados con hipoteca inmobiliaria, se prevé en la LEC, artículo 439 y artículo 439 bis, una reclamación extrajudicial previa frente a las personas físicas o jurídicas que realicen la actividad de concesión de préstamos o créditos de manera profesional.

Así pues, a través de la referida sentencia, el TS estima el recurso interpuesto por un consumidor contra las sentencias que no impusieron las costas del proceso a la entidad bancaria toda vez que, a pesar de haberse allanado a la demanda, había rechazado previamente la reclamación extrajudicial que había sido remitida por el cliente.

El TJUE también se ha pronunciado sobre esta posibilidad de allanamiento antes de contestar a la demanda, y en su sentencia, **asunto C-35/22, de 13 de junio de 2023, ECLI:EU:C:2023:569**, concluye que:

> «(...) en caso de que el consumidor no realice, ante el profesional con el que ha celebrado un contrato que contiene una cláusula abusiva, una gestión antes de acudir a la vía judicial, ha de cargar con sus propias costas causadas en el procedimiento judicial que ha incoado contra ese profesional para hacer valer los derechos que le confiere la Directiva 93/13 si este se allana a la demanda antes de contestarla, aun cuando se haya apreciado que esa cláusula es abusiva, a condición de que el juez nacional competente pueda tener en cuenta la existencia de una jurisprudencia nacional reiterada que declara abusivas cláusulas análogas a aquella y la actitud del referido profesional para concluir que este ha actuado de mala fe y, en su caso, condenarlo consiguientemente a cargar con esas costas».

Caso práctico | El proceso de división de herencia, ¿estará exento de costas?

PLANTEAMIENTO

Se sigue un procedimiento de división de herencia en un juzgado de primera instancia donde se dicta sentencia que ordene al contador-partidor a realizar modificaciones en el cuaderno particional para imputar debidamente la donación de una casa y la imposición de las costas del procedimiento a «A», viendo «A» rechazadas todas sus pretensiones en este procedimiento.

«A» interpone recurso de apelación contra la referida sentencia alegando la indebida imposición de costas procesales, argumentando que se trataba de una acción de herencia y que no había existido controversia sobre el fondo del asunto, sino que se trataba de una cuestión procesal. Además, argumentó que el error cometido por el contador-partidor era totalmente ajeno a su parte.

¿Tendrá éxito la pretensión de «A»?

RESPUESTA

En primer lugar, debemos traer a colación el principio de vencimiento objetivo, contemplado en el apartado 1 del art. 394 de la LEC, que establece que las costas de la primera instancia se imponen a la parte que haya visto rechazadas todas sus pretensiones, salvo que el tribunal aprecie que el caso presentaba serias dudas de hecho o de derecho.

En cuanto a la naturaleza de los procesos de división de herencia no presentan ninguna especialidad que justifique prescindir de las normas generales sobre la condena en costas. A diferencia de los procesos matrimoniales o de derecho de familia, en los que las costas no se imponen particularmente a ninguna de las partes debido a su especial naturaleza, en los procesos de división de herencia se aplica el principio del vencimiento objetivo.

Por lo tanto, posiblemente el recurso de apelación interpuesto por «A» sea desestimado por a audiencia provincial correspondiente, ya que las pretensiones de «A» han sido desestimadas; en este sentido se pronuncia la sentencia de la Audiencia Provincial de Cáceres n.º 358/2023, de 8 de junio, ECLI:ES:APCC:2023:486, que analiza un caso similar al aquí planteado:

> «En consecuencia, el Juzgado de instancia no ha apreciado ni razonado que el supuesto sometido a su consideración presentara serias dudas de hecho ni de derecho, como tampoco las aprecia este Tribunal, de modo que, al estimarse en su integridad la Oposición a las operaciones divisorias realizadas por el contador, resulta procedente imponer a la parte demandante, D. Florian, las costas causadas en la primera instancia del Incidente, en aplicación del artículo 394.1 de la Ley de Enjuiciamiento Civil».

Caso práctico | ¿Existe mala fe en las demandas presentadas con el único fin de cobrar las costas?

PLANTEAMIENTO

¿Cabe apreciar mala fe procesal cuando se interpone una demanda con la única finalidad de cobrar las costas procesales por reportar estas a la parte demandante un rendimiento económico?

RESPUESTA

La respuesta ha de ser afirmativa y para ello resulta interesante acudir a la **sentencia del Tribunal Supremo n.° 1715/2024, de 20 de diciembre, ECLI:ES:TS:2024:6173**, en la cual se plantea la existencia de mala fe en los casos de demandas por cláusulas abusivas provocadas con la única finalidad de cobrar las costas del proceso.

El caso recogido en la citada sentencia se refiere a una persona que solicita un primer préstamo (500 euros) con la condición de devolverlo en el plazo de un año con unos intereses elevados. Cancelado anticipadamente el préstamo, insta de la empresa prestamista la nulidad de aquel.

Un mes después decide presentar demanda planteando el carácter usurario del préstamo y, a su vez, solicita un nuevo préstamo de 300 euros a la misma entidad y en las mismas condiciones que el primero.

La demanda inicial se resuelve declarando el carácter usuario del préstamo y se condena a la empresa prestamista en costas.

Ante tales hechos, el Alto Tribunal considera que la solicitud del segundo préstamo responde a un claro abuso del proceso, pues entiende que su finalidad no es realmente el préstamo en sí, sino más bien poder plantear una segunda demanda en la que se obtenga idéntico resultado que en la primera, lo cual supondría una nueva condena en costas a la empresa prestamista que reportaría a la parte demandante un rendimiento económico superior a través del cobro de aquellas.

En definitiva, aprecia el Tribunal Supremo mala fe procesal de la parte demandante y declara al respecto:

> «No tiene mucho sentido que quien ha cancelado anticipadamente el micro préstamo de 500 euros y ha presentado una demanda de nulidad del préstamo porque no solo lo considera usurario, por los intereses pactados, sino que también considera que contiene cláusulas abusivas; al mismo tiempo, estando como estaba asesorada jurídicamente por el abogado que interpuso la demanda, vuelva a pedir un micro préstamo de características similares al que considera que es usurario y nulo por ser abusivo.
>
> La conducta de la demandante merece ser calificada de contraria a la buena fe procesal, pues de lo expuesto hasta ahora se infiere que se ha provocado la situación -contratación del micro préstamo- para poder presentar la demanda de nulidad por usurario, con vistas a lograr no solo la estimación de la demanda, que es lo que menos importa porque se ha

cancelado anticipadamente el micro préstamo, sino también y sobre todo la consiguiente condena en costas que genere unos beneficios de aproximadamente 1.800 euros.

Cuando el proceso pretende como fin principal la condena en costas, empleando un artificio que muestra una desproporción entre lo verdaderamente controvertido y el beneficio perseguido, es posible concluir que nos hallamos ante un abuso del proceso, una especie de fraude procesal: se provoca la infracción jurídica, para poder demandar y obtener un beneficio espurio a costa del Estado, pues el principal coste es para la Administración de Justicia. Constituye un abuso del proceso, emplear los escasos recursos de la Administración de Justicia para, sobre la base de una infracción legal provocada, y en cuanto tal una controversia ficticia, obtener un rendimiento económico muy superior al coste que pudo conllevar la provocación de la infracción jurídica».

ANEXO II.
FORMULARIOS

1.
TASACIÓN DE COSTAS EN EL ORDEN CIVIL

Solicitud de imposición de costas en allanamiento por mala fe

> **A TENER EN CUENTA**. El art. 395 de la LEC ha sido modificado por la LO 1/2025, de 2 de enero, en vigor desde el 03/04/2025.

Procedimiento n.º: [NÚMERO]

AL JUZGADO DE PRIMERA INSTANCIA N.º [NÚMERO] DE [LUGAR] **(1)**

Don/Doña [NOMBRE_PROCURADOR/A_CLIENTE], procurador/a de los tribunales, actuando en nombre y representación de don/doña [NOMBRE_CLIENTE] tal y como consta acreditado en autos, bajo la dirección letrada de don/doña [NOMBRE_ABOGADO/A_CLIENTE], colegiado/a número [NÚMERO_COLEGIADO/A] del Ilustre Colegio de Abogados de [LOCALIDAD] ante el juzgado comparezco y como mejor proceda en derecho,

DIGO

Que, por medio del presente escrito, y al amparo de lo establecido en el **artículo 395.1 de la Ley de Enjuiciamiento Civil (2)**, **SOLICITO LA IMPOSICIÓN DE COSTAS POR MALA FE EN ALLANAMIENTO**, con base en las siguientes,

ALEGACIONES

PRIMERA.- En fecha [FECHA], esta parte interpuso demanda contra don/doña [NOMBRE_DEMANDADO] en reclamación de la cantidad de [CANTIDAD_LETRA] euros ([CANTIDAD] €).

SEGUNDA.- En fecha [FECHA] se nos ha dado traslado del escrito de allanamiento formulado de contrario en el que se solicitaba se dictase sentencia acorde con las pretensiones de mi patrocinada, pero solicitando expresamente la no imposición de costas.

TERCERA.- La parte demandada en el referido escrito obvia manifestar que en fecha [FECHA] se llevó a cabo acto de mediación celebrado el día [FECHA] en el que dicha parte compareció y mostró su expresa disconformidad con el contenido de la pretensión que ha motivado tanto la mediación como el presente procedimiento.

Además, en el mismo acto el mediador hizo constar la advertencia de que el acto de mediación celebrado sin acuerdo tenía la condición de requerimiento fehaciente a los efectos de lo previsto en el **artículo 395 de la Ley de Enjuiciamiento Civil (2)**:

«1. Si el demandado se allanare a la demanda antes de contestarla, no procederá la imposición de costas salvo que el tribunal, razonándolo debidamente, aprecie mala fe en su conducta o abuso del servicio público de Justicia.

Se entenderá que existe mala fe a estos efectos cuando, antes de presentada la demanda, se hubiese requerido al demandado para el cumplimiento de la obligación de forma fehaciente y justificada, o cuando hubiese rechazado el acuerdo ofrecido o la participación en un medio adecuado de solución de controversias.

2. Si el allanamiento se produjere tras la contestación a la demanda, se aplicará el apartado 1 del artículo anterior».

Por lo que las costas del eventual juicio declarativo que esta parte se ha visto obligado a iniciar se habrían evitado si don/doña [NOMBRE_DEMANDADO/A] no hubiera persistido en su negativa a abonar la cantidad de [CANTIDAD_LETRA] euros ([CANTIDAD] €) llegando a acuerdo en el proceso de mediación (3). Por lo tanto, deben de ser a su cargo las costas del mismo al entenderse que debe apreciarse la mala fe (4).

Por todo lo expuesto,

SUPLICO AL JUZGADO:

Que, teniendo por presentado este escrito se sirva admitirlo y dicte sentencia que acoja el allanamiento, con expresa imposición de costas a la parte demandada por su mala fe.

Por ser justicia que pido en [LOCALIDAD], a [FECHA]

[FIRMA_ABOGADO/A] [FIRMA_PROCURADOR/A]

---

(1) Conforme a la disposición transitoria primera de la **Ley Orgánica 1/2025, de 2 de enero,** de medidas en materia de eficiencia del Servicio Público de Justicia, el 31 de diciembre de 2025, culminará el proceso de transformación de los juzgados en las respectivas secciones de los tribunales de instancia que correspondan.

(2) El artículo 395 de la LEC ha sido modificado por la reforma operada por la **LO 1/2025, de 2 de enero,** en vigor desde el 03/04/2025.

(3) A partir del 03/04/2025, fecha en la que entra en vigor la **LO 1/2025, de 2 de enero,** además de la mediación se podrá alegar cuando hubiese rechazado el acuerdo ofrecido o la participación en un medio adecuado de solución de controversias.

(4) O «abuso del servicio público de justicia» como novedad introducida en el apdo. 1 del art. 395 de la LEC por la **LO 1/2025, de 2 de enero,** en vigor desde el 03/04/20225.

Recurso de apelación por no imposición de costas a la parte contraria

---

A TENER EN CUENTA. La LO 1/2025, de 2 de enero, modifica el art. 394 de la LEC.

A LA AUDIENCIA PROVINCIAL DE [PROVINCIA] (1)

Don/Doña [NOMBRE_PROCURADOR/A_CLIENTE], procurador/a de los tribunales, colegiado/a n.º [NUMERO] en representación, de **don/doña** [NOMBRE_CLIENTE], según tengo acreditado mediante poder [NOTARIAL/APUD ACTA], y asistido/a por el letrado/a **don/doña** [NOMBRE_ABOGADO/A_CLIENTE] colegiado/a n.º [NÚMERO] del Ilustre Colegio de Abogados de [LOCALIDAD], ante el juzgado comparezco y como mejor proceda en derecho,

DIGO

Que, por medio del presente escrito, interponemos **RECURSO DE APELACIÓN**, contra la sentencia n.º [NÚMERO], de fecha [FECHA], dictada por el juzgado [ESPECIFICAR] en fecha [FECHA] y notificada a esta parte en fecha [FECHA], por la que se estima parcialmente nuestra petición demandada, sin hacer expresa condena en costas, y ello con base en las siguientes,

ALEGACIONES

PRIMERA.- En fecha [FECHA] se nos ha notificado resolución, que se acompaña como documento n.º [NÚMERO], dictada por el Juzgado de Primera Instancia núm. [NÚMERO] de [LOCALIDAD], en el procedimiento [NÚMERO], por la que se estima parcialmente nuestra petición demandada, sin hacer expresa condena en costas.

SEGUNDA.- Esta parte considera que teniendo presenta que los solicitado en la demanda consistía en [ESPECIFICAR] y que la sentencia ha reconocido [ESPECIFICAR] debe entender que la demanda ha sido estimada en su petición principal por lo que resulta de aplicación la doctrina de «la estimación sustancial», que opera cuando hay una leve diferencia entre lo pedido y lo obtenido, y por tanto estaría justificada la imposición de costas, en este caso, a la adversa.

Siendo la resolución referida la que se apela mediante la presente.

TERCERA.- Procede interponer el presente recurso a tenor de lo preceptuado en los **artículos 458 (1), 459 y concordantes de la LEC**, reflejando este último: *«En el recurso de apelación podrá alegarse infracción de normas o garantías procesales en la primera instancia. Cuando así sea, el escrito de interposición deberá citar las normas que se consideren infringidas y alegar, en su caso, la indefensión sufrida. Asimismo, el apelante deberá acreditar que denunció oportunamente la infracción, si hubiere tenido oportunidad procesal para ello».*

Si bien el artículo 394 de la Ley de Enjuiciamiento Civil (2), en aplicación del principio del vencimiento objetivo, indica que en los procesos declarativos las costas de instancia se impondrán a la parte que haya visto rechazadas todas sus pretensiones, jurisprudencialmente se ha consolidado la denominada doctrina de la «estimación sustancial» que opera cuando hay una leve diferencia entre lo pedido y lo obtenido, y sirve para justificar la imposición de costas a aquel contra el que se ha estimado en sus aspectos más importantes, cualitativa o cuantitativamente, la pretensión ejercitada.

Así, se indica doctrinalmente la existencia y aplicación de la doctrina de la «estimación sustancial» a los efectos de condena en costas, a tal ejemplo la **sentencia del Tribunal Supremo n.° 1228/2023, de 14 de septiembre, ECLI:ES:TS:2023:3606,** que refiriéndose a su doctrina expone al respecto:

> «(i)Nuestro sistema general de imposición de costas recogido en el art. 394 LEC se asienta fundamentalmente en dos principios: el del vencimiento objetivo y el de la distribución, también llamado compensación [...], que tiene carácter complementario para integrar el sistema. El sistema se completa mediante dos pautas limitativas. La primera afecta al principio del vencimiento, y consiste en la posibilidad de excluir la condena cuando concurran circunstancias excepcionales que justifiquen su no imposición (lo que en régimen del artículo 394 LEC tiene lugar cuando el caso presente serias dudas de hecho o de derecho). Su acogimiento transforma el sistema del vencimiento puro en vencimiento atenuado. La segunda pauta afecta al principio de la distribución, permitiendo que se impongan las costas a una de las partes cuando hubiese méritos para imponerlas por haber litigado con temeridad.
>
> (ii)(ii) Por otro lado, la doctrina de los tribunales, con evidente inspiración en la ratio del precepto relativo al vencimiento, en la equidad, como regla de ponderación a observar en la aplicación de las normas del ordenamiento jurídico, y en poderosas razones prácticas, complementa el sistema con la denominada doctrina de la "estimación sustancial" de la demanda, que en teoría se podría sintetizar en la existencia de un "cuasivencimiento", por operar únicamente cuando hay una leve diferencia entre lo pedido y lo obtenido. En la práctica este criterio es de especial utilidad en los supuestos en que se ejerciten acciones resarcitorias de daños y perjuicios en los que la fijación del quantum es de difícil concreción y gran relatividad (SSTS 9 de junio de 2006 y 15 de junio de 2007).
>
> (iii)(iii) El carácter sustancial de la estimación de la demanda ha sido apreciado por esta sala en diversas resoluciones para justificar la imposición de costas a aquel contra el que la pretensión se ha estimado en sus aspectos más importantes cualitativa o cuantitativamente».

Entendiendo la mentada resolución, perjudicial para los intereses de esta parte, dicho con todo respeto al tribunal y únicamente hablando en términos de defensa, presentamos el presente recurso alegando infracción de normas procesales en la primera instancia, consistentes en [DESCRIPCIÓN].

TERCERA.- Es por ello por lo que solicitamos sea estimado este recurso de apelación con expresa condena en costas a la adversa.

Por ello,

SUPLICO A LA AUDIENCIA:

Que tenga por presentado este escrito lo admita junto con sus documentos y copias, y tenga por interpuesto **RECURSO DE APELACIÓN**, contra [DESCRIPCIÓN] y, tras los trámites oportunos, proceda a dictar resolución estimatoria de nuestra pretensión, y acuerde [ESPECIFICAR] la revocación del pronunciamiento de costas dictado en instancia, y declare la condena en costas de la parte adversa.

Todo ello con expresa imposición en costas a la adversa.

Por ser justicia que pido en [LOCALIDAD], a [FECHA].

[FIRMA_ABOGADO] [FIRMA_PROCURADOR]

(1) Tras la reforma del art. 458 de la LEC, por Real Decreto-ley 6/2023, de 19 de diciembre, los recursos de apelación se interpondrán ante el tribunal competente para conocer del mismo. Esta reforma entrará en vigor el 20 de marzo de 2024, hasta ese momento los recursos de apelación continuarán presentándose ante el órgano que haya dictado la resolución que se impugna.

(2) El art. 394 de la LEC ha sido modificado por la LO 1/2025, de 2 de enero, con vigor a partir del 3/04/2025, con la redacción siguiente:

«1. En los procesos declarativos, las costas de la primera instancia se impondrán a la parte que haya visto rechazadas todas sus pretensiones, salvo que el tribunal aprecie, y así lo razone, que el caso presentaba serias dudas de hecho o de derecho.

Para apreciar, a efectos de condena en costas, que el caso era jurídicamente dudoso se tendrá en cuenta la jurisprudencia recaída en casos similares.

No obstante, cuando la participación en un medio de solución de conflictos sea legalmente preceptiva, o se hubiere acordado, previa conformidad de las partes, por el juez, la jueza o el tribunal o el letrado o la letrada de la Administración de Justicia durante el curso del proceso, no habrá pronunciamiento de costas a favor de aquella parte que hubiere rehusado expresamente o por actos concluyentes, y sin justa causa, participar en un medio adecuado de solución de controversias al que hubiese sido efectivamente convocado.

2. Si fuere parcial la estimación o desestimación de las pretensiones, cada parte abonará las costas causadas a su instancia y las comunes por mitad, a no ser que hubiere méritos para imponerlas a una de ellas por haber litigado con temeridad.

No obstante, si alguna de las partes no hubiere acudido, sin causa que lo justifique, a un medio adecuado de solución de controversias, cuando fuera legalmente preceptivo o así lo hubiera acordado el juez, la jueza o el tribunal o el letrado de la Administración de Justicia durante el proceso, se le podrá condenar al pago de las costas, en decisión debidamente motivada, aun cuando la estimación de la demanda sea parcial.

3. Cuando, en aplicación de lo dispuesto en el apartado 1, se impusieren las costas al litigante vencido, éste sólo estará obligado a pagar, de la parte que corresponda a los abogados y demás profesionales que no estén sujetos a tarifa o arancel, una cantidad total que no exceda de la tercera parte de la cuantía del proceso, por cada uno de los litigantes que hubieren obtenido tal pronunciamiento; a estos solos efectos, las pretensiones inestimables se valorarán en 24.000 euros, salvo que, en razón de la complejidad del asunto, el tribunal disponga otra cosa.

No se aplicará lo dispuesto en el párrafo anterior cuando el tribunal declare la temeridad del litigante condenado en costas.

Cuando el condenado en costas sea titular del derecho de asistencia jurídica gratuita, éste únicamente estará obligado a pagar las costas causadas en defensa de la parte contraria en los casos expresamente señalados en la Ley 1/1996, de 10 de enero, de Asistencia Jurídica Gratuita. Cuando la parte beneficiada en costas sea titular del derecho de asistencia jurídica gratuita, las mismas deberán ser abonadas a las personas profesionales que se hayan designado para su representación y dirección jurídica, que estarán obligadas a devolver las cantidades eventualmente percibidas con cargo a fondos públicos por su intervención en el proceso. A tales efectos, se comunicará por la Oficina judicial a los colegios profesionales correspondientes dicha circunstancia.

4. Si la parte requerida para iniciar una actividad negociadora previa tendente a evitar el proceso judicial hubiese rehusado intervenir en la misma, la parte requirente quedará exenta de la condena en costas, salvo que se aprecie un abuso del servicio público de Justicia.

5. En ningún caso se impondrán las costas al Ministerio Fiscal en los procesos en que intervenga como parte».

Recurso de revisión contra decreto inadmitiendo la impugnación de la tasación de costas por no constar mención a los honorarios excesivos impugnados

Según el apartado 4 del artículo 245 de la LEC contra el decreto inadmitiendo la impugnación de la tasación de costas a trámite cabe recurso de revisión:

> «4. En el escrito de impugnación habrán de mencionarse las cuentas o minutas y las partidas concretas a que se refiera la discrepancia y las razones de ésta. De no efectuarse dicha mención, el letrado o la letrada de la Administración de Justicia, mediante decreto, inadmitirá la impugnación a trámite. Frente a dicho decreto cabrá interponer recurso de revisión».

A TENER EN CUENTA. El apdo. 4 del art. 245 de la LEC ha sido modificado por la LO 1/2025, de 2 de enero, en vigor a partir del 03/04/2025. Antes de la entrada en vigor de esta reforma, frente al decreto del LAJ que inadmite la impugnación de costas a trámite únicamente cabrá interponer recurso de reposición.

El presente formulario se encuentra adaptado a la reforma siendo de aplicación a partir de la mencionada fecha.

Procedimiento: [DESCRIPCIÓN]

Autos: [NÚMERO]/[NÚMERO]

AL JUZGADO DE PRIMERA INSTANCIA NÚM. [NUMERO] DE [LUGAR] (1)

Don/Doña [NOMBRE_PROCURADOR/A_CLIENTE], procurador/a de los tribunales, en nombre y representación de don/doña [NOMBRE_CLIENTE], mayor de edad, con domicilio en C/ [CALLE], n.º [NÚMERO], CP [CÓDIGO_POSTAL], [LOCALIDAD], [PROVINCIA] y provisto de DNI [DNI] tal y como se encuentra acreditado en los autos de referencia y bajo la dirección letrada de **don/doña** [NOMBRE_ABOGADO/A_CLIENTE], colegiado/a número [NÚMERO_COLEGIADO/A_ABOGADO/A_CLIENTE], ICA [LOCALIDAD], ante el juzgado comparezco y como mejor proceda en derecho,

DIGO

Que siguiendo las instrucciones de mi mandante y por medio del presente escrito, vengo a formular **RECURSO DE REVISIÓN (2)** en virtud del art. 245.4 de la LEC contra el decreto del letrado de la Administración de Justicia de fecha [FECHA] por el que se inadmite la impugnación de la tasación de costas, de conformidad con las siguientes:

ALEGACIONES

PRIMERA.- En aras de no reiterarnos en lo ya alegado, se da por reproducido nuestro escrito de impugnación de la tasación de costas por ser el importe de los honorarios de los abogados y peritos excesivos.

SEGUNDA.- Con fecha [FECHA] recayó decreto por el que se aprobaba la tasación de costas, que fue impugnada por mi mandante de conformidad con el **artículo 245.2 de la LEC** por ser los honorarios, excesivos (3).

El pasado día [FECHA] se dictó decreto por el que se inadmitía el escrito de impugnación presentado por esta parte por no constar justificados los honorarios concretos que se consideran excesivos, con lo cual no estamos conformes.

Esta parte procesal se encuentra legitimada para recurrir, dado que la resolución que se impugna es desfavorable a sus intereses, conforme al **artículo 448 de la LEC** .

TERCERA.- Dicho sea con los debidos respectos y en estrictos términos de defensa, estimamos que el decreto que se recurre es contrario a la norma prevista en el artículo 245.4 de la Ley de Enjuiciamiento Civil **(2)**: «En *el escrito de impugnación habrán de mencionarse las cuentas o minutas y las partidas concretas a que se refiera la discrepancia y las razones de* ésta. *De no efectuarse dicha mención, el letrado o la letrada de la Administración de Justicia, mediante decreto, inadmitirá la impugnación a trámite. Frente a dicho decreto cabrá interponer recurso de revisión*».

El referido escrito de impugnación presentado en tiempo y forma por esta parte, menciona de forma clara y justificada las minutas y partidas concretas que se consideran excesivas con las razones de las discrepancias con estas, tal y como se dispone en el artículo mencionado, por lo que no ha lugar a la inadmisión de la mencionada impugnación.

Por lo expuesto,

SUPLICO AL JUZGADO:

Que tenga por presentado el presente **RECURSO DE REVISIÓN**, se sirva admitirlo dejando sin efecto el precitado decreto del letrado de la Administración de Justicia recurrido, y termine resolviendo conforme a nuestros pedimentos, condenando en costas a la parte contraria si se opusiere.

Es justicia que pido en [LUGAR], a [DÍA], [MES], [AÑO].

Firma [NOMBRE_ABOGADO/A_CLIENTE] Firma [NOMBRE_PROCURADOR/A_CLIENTE]

OTROSÍ DIGO, siendo intención de esta parte cumplir con todos los requisitos legales, a tenor de lo previsto en el artículo 231 de la Ley de Enjuiciamiento Civil, se solicita se le diere traslado de cualquier defecto que adoleciere este recurso, para la inmediata subsanación de la misma.

SUPLICO AL JUZGADO:

Que tenga por efectuada la anterior manifestación a los efectos oportunos.

Por ser de justicia, fecha y lugar *ut supra*.

Firma [NOMBRE_ABOGADO/A_CLIENTE] Firma [NOMBRE_PROCURADOR/A_CLIENTE]

---

(1) Conforme a la disposición transitoria primera de la Ley Orgánica 1/2025, de 2 de enero, de medidas en materia de eficiencia del Servicio Público de Justicia, el 31 de diciembre de 2025, culminará el proceso de transformación de los juzgados en las respectivas secciones de los tribunales de instancia que correspondan.

(2) El apdo.4 del art. 245 de la LEC ha sido modificado por la LO 1/2025, de 2 de enero, en vigor a partir del 3/04/2025. Antes de la entrada en vigor de la misma frente al decreto del LAJ que inadmite la impugnación de costas a trámite únicamente cabrá interponer recurso de reposición.

(3) También puede impugnarse la tasación de costas por gastos indebidos.

Recurso de revisión contra decreto estimando parcialmente la impugnación de costas por indebidas

Contra el decreto del letrado de la Administración de Justicia estimando parcialmente la impugnación de la tasación de costas por indebidas y condenando en las costas del incidente a la parte a la que defienda el/la abogado/a cuyos honorarios se consideran indebidos puede interponerse recurso de revisión conforme al artículo 246.4 de la LEC. Contra el auto que lo resuelva no cabrá recurso alguno.

A TENER EN CUENTA. El art. 246 de la LEC ha sido objeto de modificación por la LO 1/2025, de 2 de enero, en vigor a partir del 03/04/2025. Este formulario será de aplicación a partir de dicha fecha.

Procedimiento: [NÚMERO] / [AÑO]

AL JUZGADO DE PRIMERA INSTANCIA NÚM. [NUMERO] **DE** [LUGAR] **(1)**

Don/Doña [NOMBRE_PROCURADOR/A_CLIENTE], procurador/a de los tribunales y de **don/doña** [NOMBRE_ CLIENTE], tal y como consta acreditado en las actuaciones, y bajo la dirección letrada de **don/doña** [NOMBRE_ABOGADO/A_CLIENTE], ante este juzgado comparezco y, como mejor proceda en derecho,

DIGO

Que, mediante el presente escrito interponemos **RECURSO DE REVISIÓN contra el decreto del letrado de la Administración de Justicia de fecha** [FECHA] **por el que se estima parcialmente la impugnación de costas por indebidas,** de conformidad con los siguientes

MOTIVOS

PRIMERO.- Con fecha [FECHA] recayó decreto por el que se aprobaba la tasación de costas la cual fue impugnada por don/doña [PARTE_CONTRARIA] por incluir honorarios indebidos de conformidad con los artículos 245.2 y 246.4 **(2)** de la LEC.

El pasado día [FECHA] se dictó decreto por el que se estimaba parcialmente la impugnación formulada por la parte contraria y se condenaba a mi mandante al abono de las costas del incidente por entender que ha obrado con abuso del servicio público de justicia.

Esta parte procesal se encuentra legitimada para recurrir, dado que la resolución que se impugna es desfavorable a sus intereses, conforme al artículo 448 de la LEC.

SEGUNDO.- Dicho sea, con los debidos respetos y en términos de defensa, estimamos que el decreto que se recurre es contrario a lo previsto en los artículos 241 y siguientes de la LEC, toda vez que los honorarios incluidos en la tasación de costas responden, como ya ha quedado demostrado inicialmente en dicha tasación y en el decreto que la aprueba a los que nos remitimos, a la defensa y representación preceptiva de esta parte en el proceso inicial relativo a [ESPECIFICAR].

Sobre el fundamento de la impugnación de costas por indebidas, podemos citar la **sentencia de la Audiencia Provincial de Barcelona n.° 172/2010, de 26 de marzo, ECLI:ES:APB:2010:5543:**

> «(...) el procedimiento incidental sobre impugnación de tasación de costas por indebidas tiene un objeto y determinado cual es el de comprobar si los derechos y honorarios incluidos en la tasación corresponden o no a escritos, diligencias u otras actuaciones que sean inútiles, superfluas o no autorizadas por la ley, o si las partidas incluidas en las minutas se han expresado detalladamente o se refieren a honorarios que no se hayan devengado en el pleito, no siendo objeto de indebidos la cuantía del proceso, y en este sentido podemos citar, entre otras, las sentencias del Tribunal Supremo de fecha 8-6-1999, 29-5-2000 y 7-2-2001, 29 y 31 de enero de 2002, y 13 de noviembre de 2003, así esta última nos reitera "En cuanto al tema de la cuantía, esta Sala viene declarando reiteradamente que esta cuestión no corresponde al incidente por honorarios indebidos y sí al que se siga por excesivos, aquí también promovido (Sentencias de 11-5-1999; 6-4, 9-5, 23-6 y 28-11-2000; 27-4-2001 y 1-2-2002)".
>
> Y, así también la más reciente STS de 7 de mayo de 2007 que reitera "La impugnación por indebidos de los honorarios de Letrado y derechos de Procurador únicamente procede en el supuesto de que se hayan incluido en la tasación partidas de derechos u honorarios cuyo pago no corresponda al condenado en costas (artículo 429 de la Ley de Enjuiciamiento Civil de 1881), siendo así que en el presente caso la impugnación nace de la consideración de que se ha partido de una cuantía del proceso inadecuada a la hora de determinar el alcance económico de tales honorarios y derechos; supuesto distinto, que podrá llevar a entender que los mismos son excesivos pero que nada tiene que ver con el carácter debido o no de tales honorarios y derechos en cuanto se refieren a actuaciones procesales efectivamente llevadas a cabo, como esta Sala tiene declarado, entre otras muchas, en sentencias de 23 junio 2000 (Rec. 2253/1995), 10 julio 2002 (Rec. 2590/96) y 12 febrero 2003 (Rec.382071996)"».

TERCERO.- A la vista de lo anterior, considera esta parte que las costas no son indebidas por estar perfectamente delimitado el concepto al que responden, que no es otro, que la necesidad legal de asistencia letrada en el proceso inicial, y que las mismas se ajustan a los importes legales establecidos. Es por ello que entendemos que no incurre en mi mandante abuso del servicio público de justicia que motive que se le condene en las costas del incidente en base al artículo 246.4 (2) de la LEC.

Por lo expuesto,

SUPLICO AL JUZGADO:

Que tenga por presentado el presente escrito, así como sus copias y documentos adjuntos, se sirva admitirlo dejando sin efecto el precitado decreto del letrado de la Administración de Justicia recurrido y revocando la condena en las costas del incidente en él resuelto a esta parte, así como termine resolviendo conforme a nuestros pedimentos, condenando en costas a la parte contraria si se opusiere.

Es justicia que pido en [LUGAR], a [DÍA], [MES], [AÑO].

Firma [NOMBRE_ABOGADO/A_CLIENTE]
Firma [NOMBRE_PROCURADOR/A_CLIENTE]

OTROSÍ DIGO PRIMERO: De conformidad con el apartado cuarto de la DA 15.ª de la LOPJ esta parte ha consignado la cantidad de 25 euros en la cuenta de depósitos y consignaciones de este Juzgado, como acreditamos con el justificante de pago que adjuntamos como **documento n.°** [NUMERO].

SUPLICO AL JUZGADO:

Que tenga por efectuada la anterior manifestación a los efectos oportunos.

Por ser de justicia, fecha y lugar *ut supra*.

Firma [NOMBRE_ABOGADO/A_CLIENTE] Firma [NOMBRE_PROCURADOR/A_CLIENTE]

OTROSÍ DIGO SEGUNDO: Siendo intención de esta parte cumplir con todos los requisitos legales, a tenor de lo previsto en el artículo 231 de la Ley de Enjuiciamiento Civil, se solicita se le diere traslado de cualquier defecto que adoleciere este recurso, para la inmediata subsanación del mismo.

SUPLICO AL JUZGADO:

Que tenga por efectuada la anterior manifestación a los efectos oportunos.

Por ser de justicia, fecha y lugar *ut supra*.

Firma [NOMBRE_ABOGADO/A_CLIENTE] Firma [NOMBRE_PROCURADOR/A_CLIENTE]

---

(1) Conforme a la disposición transitoria primera de la Ley Orgánica 1/2025, de 2 de enero, de medidas en materia de eficiencia del Servicio Público de Justicia, el 31 de diciembre de 2025 culminará el proceso de transformación de los juzgados en las respectivas secciones de los tribunales de instancia que correspondan.

(2) El artículo 246.4 de la LEC ha sido modificado por la LO 1/2025, de 2 de enero, en vigor a partir del 03/04/2025 quedando redactado como sigue:

«Cuando sea impugnada la tasación por haberse incluido en ella partidas de derechos u honorarios indebidas, o por no haberse incluido en aquélla gastos debidamente justificados y reclamados, el letrado o letrada de la Administración de Justicia dará traslado a la otra parte por tres días para que se pronuncie sobre la inclusión o exclusión de las partidas reclamadas.

El letrado o letrada de la Administración de Justicia resolverá en los tres días siguientes mediante decreto. Frente a esta resolución podrá ser interpuesto recurso directo de revisión y contra el auto resolviendo el recurso de revisión no cabe recurso alguno.

Si la impugnación referida en el apartado 1 o en este apartado fuere totalmente desestimada, se impondrán las costas del incidente a la parte impugnante si hubiera obrado con abuso del servicio público de Justicia, o al profesional que impugnó la tasación para que se incluyeran gastos que consideraba debidamente justificados o reclamados. Si fuere total o parcialmente estimada, se impondrán, también en el caso de que hubiera obrado con abuso del servicio público de Justicia, al perito o la parte a la que defienda el abogado o abogada cuyos honorarios se hubieran considerado excesivos o indebidos.

Contra dichos decretos cabe recurso de revisión.

Contra el auto resolviendo el recurso de revisión no cabe recurso alguno».

Demanda de ejecución para el cobro de las costas procesales

AL JUZGADO DE PRIMERA INSTANCIA DE [LOCALIDAD] **(1)**

Don/Doña [NOMBRE_PROCURADOR/A_CLIENTE], procurador/a de los tribunales, en nombre y representación de don/doña [NOMBRE_CLIENTE], según consta acreditado en autos arriba referenciados, y bajo la dirección letrada de don/doña [NOMBRE_ABOGADO/A] ante el juzgado comparezco y, como mejor proceda en derecho,

DIGO

Que, por medio del presente escrito y de acuerdo con el artículo 549 de la LEC promuevo **DEMANDA EJECUTIVA DE TASACIÓN DE COSTAS** contra don/doña [NOMBRE_PARTE_CONTRARIA], con domicilio en [DOMICILIO], que se atiene a los siguientes

HECHOS

PRIMERO.- En fecha [FECHA] el Juzgado de Primera Instancia núm. [NÚMERO] de [LOCALIDAD] dictó sentencia que estimaba la demanda [ESPECIFICAR] interpuesta por esta parte contra don/doña [NOMBRE_PARTE_CONTRARIA], condenándola al pago de las costas derivadas del procedimiento.

Adjuntamos al presente escrito como **documento n.º** [NÚMERO] la referida resolución judicial.

SEGUNDO.- Una vez firme la sentencia en fecha [FECHA] esta parte interpuso solicitud de tasación de costas.

Adjuntamos al presente escrito **documento n.º** [NÚMERO] copia del escrito de solicitud de tasación de costas de fecha [FECHA].

TERCERO.- Mediante decreto del letrado de la Administración de Justicia de fecha [FECHA] dictado en las actuaciones de referencia, se aprobó la tasación de costas, en cuya parte dispositiva establece:

[ESPECIFICAR]

Se adjunta al presente escrito como **documento n.º** [NÚMERO], copia simple del referido decreto.

CUARTO.- El decreto devino firme en fecha [FECHA] sin que haya sido impugnado de contrario.

Esta parte ha solicitado el pago de la cantidad que se reclama de forma extrajudicial en numerosas ocasiones. Reclamaciones que han resultado infructuosas, por lo tanto, a esta parte no le ha quedado otro remedio que recurrir a la vía judicial.

Adjuntamos al presente escrito copias de los burofaxes enviados a la parte contraria como **documento n.º** [NÚMERO].

QUINTO.- Conforme al artículo 575 de la LEC la cantidad que reclamamos asciende a [CANTIDAD] € en concepto de principal, más [CANTIDAD] € en concepto de costas de la ejecución y la cantidad de [CANTIDAD] € en concepto de intereses.

A los anteriores hechos son de aplicación los siguientes,

FUNDAMENTOS DE DERECHO

I.- JURISDICCIÓN

Conforme dispone el artículo 9.2 (2) y 21 y 22 de la Ley Orgánica del Poder Judicial, los tribunales y juzgados del orden civil conocerán, además de las materias que le son propias, de todas aquellas que no le estén atribuidas a otro orden jurisdiccional.

II.- COMPETENCIA

Corresponde a los juzgados de primera instancia el conocimiento, en primera instancia, de todos los asuntos civiles que por disposición legal expresa no se hallen atribuidos a otros tribunales, según disponen los artículos 85.1 de la Ley Orgánica del Poder Judicial (3) y 45 de la Ley de Enjuiciamiento Civil.

Asimismo, según los artículos 61 y 545.1 de la Ley de Enjuiciamiento Civil, conforme a los cuales resulta competente el Juzgado a que me dirijo por ser el Tribunal que conoció del asunto en primera instancia.

III.- LEGITIMACIÓN

Conforme disponen los artículos 10 y 538.1 de la LEC, son parte en el proceso de ejecución la persona o personas que piden y obtienen el despacho de la ejecución y la persona o personas frente a las que ésta se despacha. Y según el artículo 549.1 de la LEC según el cual *«Sólo se despachará ejecución a petición de parte, en forma de demanda, (...)».*

IV.- PROCEDIMIENTO

El procedimiento que deberá seguirse es el establecido en los artículos 548 y ss. de la LEC.

V.- TÍTULO DE EJECUCIÓN

El art. 517.2.1.º de la LEC enumera como uno de los títulos que lleva aparejada ejecución, la sentencia de condena firme, como la que sirve de fundamento a esta demanda.

En la presente litis, el título cuya ejecución se pretende es la sentencia dictada por el Juzgado de Primera Instancia núm. [NÚMERO] de [LOCALIDAD] de fecha [FECHA], en la que se condena a la entidad [NOMBRE_EMPRESA] al pago de las costas procesales que fueron tasados en [CANTIDAD] €.

VI.- INTERESES

Tratándose de condena de pago de cantidad líquida, esta devengará un interés anual igual al del interés legal del dinero incrementado en dos puntos o el que corresponda por pacto de las partes o por disposición especial de la ley conforme a lo establecido en el artículo 576 de la Ley de Enjuiciamiento Civil.

V.- COSTAS

En virtud de lo dispuesto en el art. 539.2 en relación con el 583 de la LEC, las costas de esta ejecución deberán ser impuestas a la ejecutada, ya que ha sido quien ha originado la necesidad de este procedimiento al no haber cumplido con lo establecido en la sentencia recaída en las presentes actuaciones.

En virtud de lo anteriormente expuesto,

SUPLICO AL JUZGADO:

Que teniendo por presentado este escrito, con los documentos acompañados y copia de todo ello, se sirva admitirlo teniendo por presentada demanda ejecutiva y, previos los trámites legales pertinentes, se despache ejecución frente a [NOMBRE_ EMPRESA], por el **importe de** [CANTIDAD] **EUROS (**[CANTIDAD] **€) en concepto de principal, más** [CANTIDAD] **EUROS (**[CANTIDAD] **€)** en concepto de intereses que puedan generarse durante la ejecución y las costas de ésta.

En [LOCALIDAD], a [FECHA].

[FIRMA_ABOGADO] [FIRMA_PROCURADOR]

---

(1) Conforme a la disposición transitoria primera de la Ley Orgánica 1/2025, de 2 de enero, de medidas en materia de eficiencia del Servicio Público de Justicia, el 31 de diciembre de 2025, culminará el proceso de transformación de los juzgados en las respectivas secciones de los tribunales de instancia que correspondan.

(2) El artículo 9 de la LOPJ ha sido modificado por la LO 2/2025, de 2 de enero, en vigor a partir del 3/04/2025.

(3) El artículo 85 de la LOPJ ha sido modificado por la LO 2/2025, de 2 de enero, en vigor a partir del 3/04/2025.

Solicitud a la Comisión de Asistencia Jurídica Gratuita de declaración de mejor fortuna para el pago de costas

A LA COMISIÓN PROVINCIAL DE ASISTENCIA JURÍDICA GRATUITA

Don/Doña [NOMBRE], **con DNI núm.** [DNI] **y domicilio en** [DOMICILIO], por medio del presente escrito comparezco ante la Comisión de Asistencia Jurídica Gratuita de [LOCALIDAD], en el marco del procedimiento para la concesión del derecho a la asistencia jurídica gratuita que fue reconocido a **don/doña** [NOMBRE] por resolución de fecha [FECHA], dictada en el expediente núm. [NÚMERO], para **solicitar la declaración de** «mejor **fortuna**» **(1)** del anterior beneficiario conforme a lo previsto en el art. 36 de la Ley 1/1996, de 10 de enero, de asistencia jurídica gratuita **(2)**, a cuyo fin,

EXPONGO

PRIMERO.- La resolución citada se dictó por la Comisión teniendo en cuenta la documentación presentada por el solicitante, que básicamente se refería al año fiscal [AÑO].

SEGUNDO.- El procedimiento para el que se solicitó el beneficio es el procedimiento núm. [NÚMERO], que en la actualidad está pendiente de dictar sentencia en apelación por la Ilma. Audiencia Provincial de esta ciudad. Por lo tanto, no ha transcurrido el término que señala el artículo 36.2 de la Ley 1/1996, de 10 de enero, de asistencia jurídica gratuita, como plazo de prescripción para ejercer esta acción.

TERCERO.- Esta parte ha tenido noticias de que el beneficiario en la actualidad tiene los siguientes bienes:

— [OBJETO].

Dichas titularidades hacen presumir que los ingresos de don/doña [NOMBRE] son, con mucho, superiores al duplo del indicador público de renta de efectos múltiples (IPREM).

En apoyo de tales alegaciones se acompañan los documentos y se proponen los medios de prueba siguientes:

— [DOCUMENTO] **(3)**.

Por todo lo anterior,

SOLICITO A LA COMISIÓN:

Que, al amparo de lo dispuesto en el art. 36.2 de la LAJG, y aplicando analógicamente los artículos 17 y siguientes de la citada ley, se proceda por esa comisión a realizar las comprobaciones y recabar la información que estime necesaria, dictando resolución por la que declare el estado de «mejor fortuna» de don/doña [NOMBRE_ CLIENTE].

OTROSÍ DIGO: una vez firme la resolución antedicha, solicito me sea entregada certificación de la misma para hacerla llegar al órgano judicial que conoce del referido procedimiento, a fin de solicitar el requerimiento de pago de las costas procesales al condenado en sentencia.

En [LOCALIDAD], a [DÍA] de [MES] de [AÑO].

Fdo. D./D.ª [NOMBRE]

[FIRMA]

---

(1) Se presume que ha venido a mejor fortuna cuando sus ingresos y recursos económicos por todos los conceptos superen el doble del módulo previsto en el artículo 3 de la Ley 1/1996, de 10 de enero, de asistencia jurídica gratuita, o si se hubieran alterado sustancialmente las circunstancias y condiciones tenidas en cuenta para reconocer el derecho conforme a dicha norma.

(2) El apdo.1 del art. 36 de la Ley 1/1996, de 10 de enero, de asistencia jurídica gratuita, ha sido modificado por la LO 1/2025, de 2 de enero, en vigor desde el 3/04/2025, añadiendo al mismo lo siguiente: «(...) *aquella, debiendo ser abonadas directamente a las personas profesionales que se hayan designado para su representación y dirección jurídica, quienes estarán legitimadas para instar su tasación y que estarán obligadas a devolver las cantidades eventualmente percibidas con cargo a fondos públicos por su intervención en el proceso. A tales efectos, se comunicará por la Oficina judicial a los colegios profesionales correspondientes dicha circunstancia*».

(3) Se relacionarán los documentos y demás elementos de juicio que se consideren oportunos.

Escrito de conformidad con la impugnación de tasación de costas por excesivas

Procedimiento [DESCRIPCIÓN]

Número: [NÚMERO] / [AÑO]

AL JUZGADO DE PRIMERA INSTANCIA NÚMERO [NUMERO] **DE** [LUGAR] **(1)**

Don/Doña [NOMBRE_ABOGADO/A_CLIENTE], letrado/a de **don/doña** [NOMBRE_CLIENTE] en el procedimiento [DESCRIPCIÓN] origen de la presente tasación de costas, tal y como obra en las actuaciones, ante este juzgado comparezco y, como mejor proceda en derecho,

DIGO

Que en fecha [FECHA] se nos ha dado traslado del escrito de impugnación de tasación de costas por considerar excesivos los honorarios de letrado, otorgándoseme el plazo de [NÚMERO] días para aceptar o no la reducción planteada.

Y, en atención al anterior proveído, procedo a evacuar el trámite conferido, y mediante la presente vengo a indicar que: **SE ACEPTA LA REDUCCIÓN PLANTEADA** en la impugnación referida, de conformidad con lo dispuesto en el artículo 246 de la Ley de Enjuiciamiento Civil **(2)**, procediendo al resultante de [ESPECIFICAR], una vez se reduzca de la cuantía interesada los pronunciamientos impugnados de adverso.

Por lo expuesto,

SUPLICO AL JUZGADO que, teniendo por presentado este escrito, tenga por aceptada la reducción en mis honorarios alegada de adverso, procediendo al dictado de decreto en el que, efectuando la reducción confirmada, proceda a aprobar la tasación resultante, con todo lo demás que sea procedente en derecho.

Es de justicia que pido en [LOCALIDAD], a [FECHA].

Fdo. [NOMBRE_ABOGADO_CLIENTE]

---

(1) Conforme a la disposición transitoria primera de la Ley Orgánica 1/2025, de 2 de enero, de medidas en materia de eficiencia del Servicio Público de Justicia, el 31 de diciembre de 2025, culminará el proceso de transformación de los juzgados en las respectivas secciones de los tribunales de instancia que correspondan.

(2) El art. 246 de la LEC ha sido modificado por la reforma operada por la Ley Orgánica 1/2025, de 2 de enero, en vigor a partir del 3/04/2025, que quedará redactado con el tenor literal siguiente: «1. Si la tasación se impugnara por considerar excesivos los honorarios de los abogados o las abogadas, se oirá en el plazo de cinco días al abogado o abogada de que se trate y, si no aceptara la reducción de honorarios que se le reclame, se pasará testimonio de los autos, o de la parte de ellos que resulte necesaria, al Colegio de Abogados para que emita informe. No será necesario en el ámbito del artículo 438 bis cuando ya se haya emitido informe previamente, salvo que resulte justificado por la concurrencia de circunstancias diversas de las tenidas en cuenta por el Colegio de abogados para la elaboración del informe previo.

2. Lo establecido en el apartado anterior se aplicará igualmente respecto de la impugnación de honorarios de peritos, pidiéndose en este caso el dictamen del Colegio, Asociación o Corporación profesional a que pertenezcan.

3. El letrado o letrada de la Administración de Justicia, a la vista de lo actuado y de los dictámenes emitidos, dictará decreto manteniendo la tasación realizada o, en su caso, introducirá las modificaciones que estime oportunas.

4. Cuando sea impugnada la tasación por haberse incluido en ella partidas de derechos u honorarios indebidas, o por no haberse incluido en aquélla gastos debidamente justificados y reclamados, el letrado o letrada de la Administración de Justicia dará traslado a la otra parte por tres días para que se pronuncie sobre la inclusión o exclusión de las partidas reclamadas. El letrado o letrada de la Administración de Justicia resolverá en los tres días siguientes mediante decreto. Frente a esta resolución podrá ser interpuesto recurso directo de revisión y contra el auto resolviendo el recurso de revisión no cabe recurso alguno.

Si la impugnación referida en el apartado 1 o en este apartado fuere totalmente desestimada, se impondrán las costas del incidente a la parte impugnante si hubiera obrado con abuso del servicio público de Justicia, o al profesional que impugnó la tasación para que se incluyeran gastos que consideraba debidamente justificados o reclamados. Si fuere total o parcialmente estimada, se impondrán, también en el caso de que hubiera obrado con abuso del servicio público de Justicia, al perito o la parte a la que defienda el abogado o abogada cuyos honorarios se hubieran considerado excesivos o indebidos.

Contra dichos decretos cabe recurso de revisión.

Contra el auto resolviendo el recurso de revisión no cabe recurso alguno.

5. Cuando se alegue que alguna partida de honorarios de abogados o peritos incluida en la tasación de costas es indebida y que, en caso de no serlo, sería excesiva, se tramitarán ambas impugnaciones simultáneamente, con arreglo a lo prevenido para cada una de ellas en los apartados anteriores, pero la resolución sobre si los honorarios son excesivos quedará en suspenso hasta que se decida sobre si la partida impugnada es o no debida.

6. Cuando una de las partes sea titular del derecho a la asistencia jurídica gratuita, no se discutirá ni se resolverá en el incidente de tasación de costas cuestión alguna relativa a la obligación de la Administración de asumir el pago de las cantidades que se le reclaman por aplicación de la Ley de Asistencia Jurídica Gratuita».

Formulario de impugnación de tasación de costas por un banco en procedimiento de cláusula suelo

A TENER EN CUENTA. El art. 245 de la LEC ha sido modificado por la LO 1/2025, de 2 de enero, con efectos a partir del 3/04/2025.

Pieza de Tasación de Costas n.º: [NÚM_AUTOS]

Procedimiento Origen: Procedimiento Ordinario [NÚM_AUTOS].

AL JUZGADO DE PRIMERA INSTANCIA NÚMERO [NÚMERO] **DE** [LOCALIDAD] **(1)**

Don/Doña [NOMBRE_PROCURADOR/A_CLIENTE], procurador/a de los tribunales y de la mercantil [NOMBRE_EMPRESA], S.A., según consta acreditado en autos, bajo la dirección letrada de don/doña [NOMBRE_ABOGADO/A], ante el juzgado comparezco y, como mejor proceda en derecho,

DIGO

I.- Se le ha notificado a esta parte, el [FECHA], la diligencia de ordenación de [FECHA], mediante la cual, entre otros aspectos, se concede un plazo de diez días para impugnar la tasación de costas practicada.

II.- Que, de conformidad con lo expresado en el apartado anterior y en virtud del artículo 245 de la LEC **(2)**, presento **ESCRITO DE IMPUGNACIÓN** por considerar excesivos los honorarios del letrado, con base en los siguientes,

MOTIVOS

PRIMERO.- El importe reclamado resulta excesivo atendiendo al asunto que objeto del proceso por cuanto no debe atenderse a lo que se haya acordado entre el letrado y el cliente sino a las circunstancias concretas del caso, tal y como ha señalado el Tribunal Supremo en el **auto, rec. 1290/2014, de 22 de febrero de 2017, ECLI:ES:TS:2017:1243A** que señala:

«"debe recordarse que como ya se ha pronunciado esta Sala en otras ocasiones (AATS de 9 de febrero de 2010, RC n.º 1417/2007 y 13 de abril de 2010, RC n.º 1355/2006, entre los más recientes) no se trata de predeterminar, fijar o decidir cuales deben ser los honorarios del letrado de la parte favorecida por la condena en costas, ya que el trabajo de éste se remunera por la parte a quien defiende y con quien le vincula una relación de arrendamiento de servicios, libremente estipulada por las partes contratantes, sino de determinar la carga que debe soportar el condenado en costas respecto de los honorarios del letrado minutante, pues aunque la condena en costas va dirigida a resarcir al vencedor de los gastos originados directa e inmediatamente en el pleito entre los que se incluyen los honorarios del letrado, **la minuta incluida en la tasación debe ser una media ponderada y razonable dentro de los parámetros de la profesión,** no solo calculada de acuerdo a criterios de cuantía, sino además adecuada a las circunstancias concurrentes en el pleito, el grado de complejidad del asunto, la fase del proceso en que nos encontramos, los motivos del recurso, la extensión y desarrollo del escrito de impugnación del mismo, la intervención de otros profesionales en la misma posición procesal y las minutas por ellos presentadas a efectos de su inclusión en la tasación de costas, sin que, para la fijación de esa media razonable que debe incluirse en la tasación de costas, resulte vinculante el preceptivo informe del Colegio de Abogados, ni ello suponga que el abogado minutante no pueda facturar a su representado el importe íntegro de los honorarios concertados con su cliente por sus servicios profesionales"; o más recientemente, el ATS de 11/2/2014 (RC 2375/2011) señala que "[s] egún reiterada doctrina de esta Sala en materia de impugnación de los honorarios de letrado por excesivos, debe atenderse a todas las circunstancias concurrentes, tales como trabajo realizado en relación con el interés y cuantía económica del asunto, tiempo de dedicación, dificultades del escrito de impugnación o alegaciones, resultados obtenidos, etc., sin que por tanto sean determinantes por sí solos ni la cuantía ni los criterios del colegio de abogados, precisamente por ser éstos de carácter orientador"»

También el **auto del Tribunal Supremo, rec. 707/2020, de 20 de febrero de 2024, ECLI:ES:TS:2024:1986A**, recuerda que la minuta incluida en la tasación debe ser ponderada y razonable, estimando la impugnación por los siguientes motivos:

«En consecuencia, conforme a la doctrina reiterada en esta materia que declara que la carga que ha de soportar la parte vencida en costas ha de ser el resultado de la valoración conjunta de los criterios o factores a tener en cuenta sin fundarse exclusivamente en uno de ellos, que la minuta incluida en la tasación debe ser una media ponderada y razonable dentro de los parámetros de la profesión y, en fin, que la inicial complejidad del asunto tuvo que verse necesariamente aligerada en esta fase del procedimiento por haber precedido dos instancias (con sus correspondientes tasaciones de costas), ponderando también que la única actuación minutable fue el escrito de alegaciones a la providencia de puesta de manifiesto de las causas de inadmisión y la extensión de los recursos, se estima en parte la impugnación de la tasación de costas por excesivos (...)».

SEGUNDO.- Así mismo el art. 243 de la LEC señala que se reducirá el importe de los honorarios de los abogados y demás profesionales que no estén sujetos tarifa o arancel, cuando los reclamados excedan el límite a que se refiere el apartado 3 del artículo 394 de la LEC (3) y no se hubiese declarado la temeridad del litigante condenado en costas. Esta parte entiende que de ningún modo los honorarios de abogado pueden quedar fijados en [CANTIDAD] euros y ello por los siguientes motivos:

a) No se respeta los límites que se fijan el art. 394. 3 de la LEC ya que [ESPECIFICAR].

b) Entiende esta parte que debe tenerse en cuenta la notoriedad pública y el sector en el que se están presentando las demandas y recursos en materia de cláusulas abusivas. Ello provoca irremediablemente que actualmente el conocimiento de la materia vaya siendo cada vez mayor para ambas partes (letrado de la demandante y letrado de la demandada) lo que desemboca en la necesidad de realizar un menor esfuerzo de aproximación y estudio de la materia que cuando un letrado se encuentra con una materia completamente nueva y desconocida por primera vez.

Por todo lo expuesto,

SUPLICO AL JUZGADO:

Que tenga por presentado este escrito, lo admita y, en su virtud, tenga por presentado **ESCRITO de IMPUGNACIÓN** de la tasación de costas practicada por el juzgado y previos los trámites legales oportunos, dicte decreto estimando esta impugnación y fijando la cantidad a cuyo pago viene obligada mi mandante, reduciendo los honorarios del abogado contrario, al importe total de [CANTIDAD] euros.

En [LOCALIDAD], a [FECHA].

[FIRMA_ABOGADO] [FIRMA_PROCURADOR]

---

(1) Conforme a la disposición transitoria primera de la Ley Orgánica 1/2025, de 2 de enero, de medidas en materia de eficiencia del Servicio Público de Justicia, el 31 de diciembre de 2025, culminará el proceso de transformación de los juzgados en las respectivas secciones de los tribunales de instancia que correspondan.

(2) El art. 245 de la LEC se modifica con efectos del 3/04/2025, por la Ley Orgánica 1/2025, de 2 de enero, añadiendo al mismo un nuevo apdo. 5 con el tenor literal siguiente: «5. *Sin perjuicio de lo dispuesto en los apartados anteriores y en el mismo plazo, la parte condenada al pago de las costas podrá solicitar la exoneración de su pago o la moderación de su cuantía cuando hubiera formulado una propuesta a la parte contraria en cualquiera de los medios adecuados de solución de controversias al que hubieran acudido, la misma no hubiera sido aceptada por la parte requerida y la resolución judicial que ponga término al procedimiento sea sustancialmente coincidente con el contenido de dicha propuesta.*

Las mismas consecuencias tendrá el rechazo injustificado de la propuesta que hubiese formulado el tercero neutral, cuando la sentencia recaída en el proceso sea sustancialmente coincidente con la citada propuesta.

A la solicitud de exoneración o modificación deberá acompañar la documentación íntegra referida a la propuesta formulada, que en este momento procesal y a estos efectos, estará dispensada de confidencialidad. De no acompañarse dicha documentación, el Letrado de la Administración de Justicia, mediante decreto, inadmitirá a trámite la solicitud. Frente a este decreto cabrá interponer recurso de revisión».

(3) El apdo. 3 del art. 394 de la LEC se modifica con efectos del 3/04/2025, por la Ley Orgánica 1/2025, de 2 de enero, añadiendo lo siguiente al mismo: «Cuando *la parte beneficiada en costas sea titular del derecho de asistencia jurídica gratuita, las mismas deberán ser abonadas a las personas profesionales que se hayan designado para su representación y dirección jurídica, que estarán obligadas a devolver las cantidades eventualmente percibidas con cargo a fondos públicos por su intervención en el proceso. A tales efectos, se comunicará por la Oficina judicial a los colegios profesionales correspondientes dicha circunstancia».*

Escrito de impugnación de la tasación de costas por indebidas y subsidiariamente por excesivas

Procedimiento: [ESPECIFICAR]

Número: [NÚMERO]

AL JUZGADO DE PRIMERA INSTANCIA N.º [NÚMERO] **DE** [LUGAR] **(1)**

Don/Doña [NOMBRE_PROCURADOR_CLIENTE], procurador/a de los tribunales y de **don/doña** [NOMBRE_CLIENTE], según consta debidamente acreditado en los autos de referencia, asistido del/de la letrado/a don/doña [NOMBRE], colegiado/a núm. [NÚMERO] del ICA de [LUGAR], ante el juzgado comparezco y, como mejor proceda en derecho,

DIGO

Con fecha [FECHA], se ha dado traslado a esta parte de la tasación de costas practicada, con emplazamiento a mi mandante por plazo de diez días a fin de, en su caso, impugnarla. Por medio del presente escrito, en tiempo y forma debidos, y al amparo de lo establecido en el artículo 245 de la LEC **(2)**, vengo a **impugnar la referida tasación de costas** con base en las siguientes,

ALEGACIONES (3)

PRIMERA.- Impugnación por indebidas

Esta parte considera indebida la partida de [CANTIDAD] euros correspondiente a la minuta del abogado/a don/doña [NOMBRE_PARTE_CONTRARIA], toda vez que, al tratarse de un procedimiento de juicio verbal de cuantía [CANTIDAD] euros, su intervención no es preceptiva.

Efectivamente, así lo establecen los artículos 31 **(4)** y 32.5 **(5)** de la LEC que extractamos a continuación:

El artículo 31 de la LEC **(4)** establece:

«1. Los litigantes serán dirigidos por abogados habilitados para ejercer su profesión en el tribunal que conozca del asunto. No podrá proveerse a ninguna solicitud que no lleve la firma de abogado.

2. Exceptuándose solamente:

1.º Los juicios verbales cuya determinación se haya efectuado por razón de la cuantía y ésta no exceda de 2.000 euros, y la petición inicial de los procedimientos monitorios conforme a lo previsto en esta Ley (...)».

Por su parte, el artículo 32.5 de la LEC **(5)** dispone:

«Cuando la intervención de abogado y procurador no sea preceptiva, de la eventual condena en costas de la parte contraria a la que se hubiese servido de dichos profesionales se excluirán los derechos y honorarios devengados por los mismos, salvo que el Tribunal aprecie temeridad o abuso del servicio público de Justicia en la conducta del condenado en costas o que el domicilio de la parte representada y defendida esté en partido judicial distinto a aquel en que se ha tramitado el juicio, operando en este último caso las limitaciones a que se refiere el apartado 3 del artículo 394 de esta ley. También se excluirán, en todo caso, los derechos devengados por el procurador como consecuencia de aquellas actuaciones de carácter meramente facultativo que hubieran podido ser practicadas por las Oficinas judiciales.

En el caso en el que, pese a no ser preceptiva la intervención de abogado o abogada ni de procurador o procuradora, el consumidor opte por valerse de estos profesionales para interponer demanda tras haber formulado una reclamación extrajudicial previa, en la tasación de costas se incluirá la cuenta del procurador y la minuta del abogado, en este último caso sin el límite establecido en el artículo 394.3».

En consecuencia, esta parte entiende que la referida partida es indebida, lo que motiva la presente impugnación.

SEGUNDA.- Subsidiariamente, impugnación por excesivas

Subsidiariamente y para el caso de que la impugnación por indebidos no sea estimada, algo que solo admitimos a efectos meramente dialécticos, la indicada partida es excesiva, de acuerdo con lo establecido en el artículo 394.3 de la LEC (6), al exceder de la tercera parte de la cuantía del proceso y no haberse declarado la temeridad de mi mandante.

Ciertamente, como la contraparte y el tribunal conocen, la cuantía del procedimiento del que trae causa la tasación de costas que nos ocupa, asciende a [IMPORTE] euros. En consecuencia, la partida correspondiente a los honorarios del/de la letrado/a en cuestión no puede superar los [IMPORTE] euros que, sin embargo, supera sobradamente.

Además, el Tribunal Supremo ha declarado en distintas ocasiones, véase como ejemplo el **auto del Tribunal Supremo, rec. 2207/2020, de 16 de enero de 2024, ECLI:ES:TS:2024:380A**, que la valoración de las costas debe realizarse atendiendo a distintos criterios, llevando a cabo una ponderación razonable dentro de los parámetros de la profesión:

«Constantemente se viene declarando por esta sala (entre otros muchos, autos de 17 de enero de 2018, rec. 3334/2014, 31 de enero de 2018, rec. 1185/2010, 7 de febrero de 2018, rec. 1851/2014, 14 de febrero de 2018, rec. 3283/2014, y 18 de abril de 2018, rec. 2762/2015): (i) que la solución de todas las controversias planteadas al respecto de la consideración o no como excesivos de los honorarios de los letrados incluidos en la tasación de costas pasa por el examen de las circunstancias concretas del caso y su acomodación a los parámetros o criterios que rigen en la materia, lo que incumbe en primer lugar al letrado de la Administración de Justicia, como encargado de la resolución inicial del incidente, y posteriormente a esta sala en el caso de que dicha resolución fuese recurrida en revisión en la forma que prevé la LEC; (ii) que la tasación tiene únicamente por objeto determinar la carga que debe soportar el condenado en costas respecto de los honorarios del letrado minutante y que, a tal fin, la minuta incluida en la tasación debe ser una media ponderada y razonable dentro de los parámetros de la profesión, no solo calculada de acuerdo a criterios de cuantía, sino además adecuada a las circunstancias concurrentes en el pleito, el grado de complejidad del asunto, la fase del proceso en que nos encontramos, los motivos del recurso, la extensión y desarrollo del escrito de impugnación del mismo, la intervención de otros profesionales en la misma posición procesal y las minutas por ellos presentadas a efectos de su inclusión en la tasación de costas, sin que, para la fijación de esa media razonable que debe incluirse en la tasación de costas resulte vinculante por sí sola la cuantía del procedimiento ni el preceptivo informe del Colegio de Abogados, ni ello suponga que el abogado minutante no pueda facturar a su representado el importe íntegro de los honorarios concertados con su cliente por sus servicios profesionales; (iii) que la función revisora de la sala se contrae a los casos en que el decreto dictado por el letrado de la Administración de Justicia infrinja normas procesales o incurra en arbitrariedad, irrazonabilidad o falta de proporción, sin que sea posible usar el recurso de revisión para sustituir esa ponderación por un nuevo juicio de mejor criterio por parte de esta Sala.)».

Por ello, esta parte impugna también por excesivas las costas tasadas.

Por lo expuesto,

SUPLICO AL JUZGADO:

Que, teniendo por presentado este escrito y sus copias, tenga por formulada la impugnación de la minuta del/de la letrado/a don/doña [NOMBRE_PARTE_CONTRARIA] por indebida y, subsidiariamente, por excesiva, y, tras los trámites oportunos, con estimación de la misma, proceda a la rectificación de la tasación de costas, excluyéndola por indebida o, subsidiariamente, reduciéndola a la cantidad resultante de aplicar lo dispuesto en el artículo 394.3 de la LEC **(6)**.

Es justicia que pido en [LOCALIDAD], a [FECHA].

Fdo.: D./D.ª. [NOMBRE_ABOGADO_CLIENTE]

Fdo.: D./D.ª. [NOMBRE_PROCURADOR_CLIENTE]

OTROSÍ DIGO: Es intención de esta parte cumplir con todos los requisitos legales por lo que, a tenor de lo previsto en el artículo 231 de la LEC, se solicita el traslado de cualquier defecto de que adolezca el presente escrito, para su inmediata subsanación. En consecuencia,

SUPLICO AL JUZGADO:

Que tenga por efectuada la anterior manifestación a los efectos oportunos.

Es justicia que pido en [LOCALIDAD], a [FECHA]

Fdo.: D./D.ª. [NOMBRE_ABOGADO_CLIENTE]

Fdo.: D./D.ª. [NOMBRE_PROCURADOR_CLIENTE]

---

(1) Conforme a la disposición transitoria primera de la Ley Orgánica 1/2025, de 2 de enero, de medidas en materia de eficiencia del Servicio Público de Justicia, el 31 de diciembre de 2025 culminará el proceso de transformación de los juzgados en las respectivas secciones de los tribunales de instancia que correspondan.

(2) El artículo 245 de la LEC ha sido modificado por la LO 1/2025, de 2 de enero, en vigor a partir del 03/04/2025, para, por un lado, modificar el recurso que procede contra el decreto de inadmisión a trámite de la impugnación por no mencionarse en el escrito correspondiente las cuentas o minutas y las partidas concretas sobre las que existe discrepancia, en estos casos se sustituye el recurso de reposición por el recurso de revisión. Por otro lado, se incorpora un nuevo apartado 5 en relación con la posibilidad de exoneración de pago de las costas o la moderación de su cuantía.

(3) No se considera necesario incluir jurisprudencia en el escrito de impugnación, no obstante, se extractan a continuación algunas resoluciones sobre el tema en cuestión:

- ATS rec. 1270/2018, de 11 de enero de 2022, ECLI:ES:TS:2022:459A:

«(...) En efecto, el art. 246 LEC regula la tramitación de la impugnación de la tasación de costas y, en concreto, en el apartado 5 dispone que "[...]cuando se alegue que alguna partida de honorarios de abogados o peritos incluida en la tasación de costas es indebida y que, en caso de no serlo, sería excesiva, se tramitarán ambas impugnaciones simultáneamente, con arreglo a lo prevenido para cada una de ellas en los apartados anteriores, pero la resolución sobre si los honorarios son excesivos quedará en suspenso hasta que se decida sobre si la partida impugnada es o no debida[...]". Por tanto, la lógica procesal impone que se decida en primer lugar si los honorarios son o no debidos y solo en caso afirmativo, valorar si son o no excesivos, no al contrario como sostiene la parte recurrente en revisión sin apoyo en la norma procesal.

Además, respecto de la imposición de las costas en los incidentes de impugnación de los honorarios por indebidos, ya dijimos en el ATS de 3 de junio de 2015, rec. 2888/2013 lo siguiente: "[...]Aunque el artículo 246.4 no prevé de forma expresa la imposición de las costas del incidente de impugnación por indebidas, entra dentro de toda lógica procesal que han de entenderse aplicables las normas recogidas en el párrafo anterior que no son ni más ni menos que las generales del criterio del vencimiento que rige la imposición de las costas en el proceso civil. Nos llevaría a un absurdo nada deseable el hecho de que si el incidente fuere el de impugnación de la tasación por honorarios excesivos conllevase imposición de costas a una de las partes, mientras que si lo fuere por indebidos no hubiese imposición de costas, cuando lo cierto es que la parte beneficiada por las costas ha tenido que desplegar una actividad procesal consecuencia de la impugnación a la que se ha visto abocada, siendo criterio constante de esta Sala recogido en innumerables autos, la imposición de las costas procesales en los incidentes de impugnación de la tasación de costas, con independencia de cuál sea el motivo de la impugnación. En este mismo sentido se pronuncian, entre otros, los autos de 7 de febrero de 2012, rec. 1633/2009 y de 12 de marzo de 2013, rec. 605/2011[...]"».

- ATS rec. 1426/2018, de 6 de julio del 2021, ECLI:ES:TS:2021:9013A:

«Se insiste en el mismo en lo excesivo de la cantidad reclamada en concepto de honorarios por la letrada contraria.

Para la resolución del presente recurso ha de tenerse en cuenta la doctrina constante de esta sala (entre los autos más recientes, el de fecha 16 de junio de 2020 (rec. 5769/2018) y de 24 de septiembre de 2019 (rec. 1891/2015) lo siguiente:

a) que la solución de todas las controversias planteadas al respecto de la consideración o no como excesivos de los honorarios de los letrados incluidos en la tasación de costas pasa por el examen de las circunstancias concretas del caso y su acomodación a los parámetros o criterios que rigen en la materia, lo que incumbe en primer lugar al Letrado de la Administración de Justicia, como encargado de la resolución inicial del incidente, y posteriormente a esta sala en el caso de que dicha resolución fuese recurrida en revisión en la forma que prevé la LEC;

b) que la tasación tiene únicamente por objeto determinar la carga que debe soportar el condenado en costas respecto de los honorarios del letrado minutante y que, a tal fin, la minuta incluida en la tasación debe ser una media ponderada y razonable dentro de los parámetros de la profesión, no solo calculada de acuerdo a criterios de cuantía, sino además adecuada a las circunstancias concurrentes en el pleito, el grado de complejidad del asunto, la fase del proceso en que nos encontramos, los motivos del recurso, la extensión y desarrollo del escrito de impugnación del mismo, la intervención de otros profesionales en la misma posición procesal y las minutas por ellos presentadas a efectos de su inclusión en la tasación de costas, sin que para la fijación de esa media razonable que debe incluirse en la tasación de costas resulte vinculante por sí sola la cuantía del procedimiento ni el preceptivo informe del Colegio de Abogados, ni ello suponga que el abogado minutante no pueda facturar a su representado el importe íntegro de los honorarios concertados con su cliente por sus servicios profesionales;

c) es constante la doctrina de esta sala (entre otros muchos, AATS de 4 de febrero de 2020, rec. 263/2017, de 17 de enero de 2018, rec. 3334/2014, 31 de enero de 2018, rec. 1185/2010) que su función revisora se contrae a los casos en que el decreto dictado por el Letrado de la Administración de Justicia infrinja normas procesales o incurra en arbitrariedad, irrazonabilidad o falta de proporción, sin que sea posible usar el recurso de revisión para sustituir esa ponderación por un nuevo juicio de mejor criterio por parte de esta sala».

(4) El artículo 31 de la LEC ha sido modificado por la LO 1/2025, de 2 de enero, en vigor a partir del 3 de abril de 2025, para incorporar en su apartado segundo un nuevo número 3.º.

(5) El artículo 32.5 de la LEC ha sido modificado por la LO 1/2025, de 2 de enero, en vigor a partir del 3 de abril de 2025, incorporando la referencia al abuso del servicio público de justicia, sustituyendo la alusión a «lugar distinto a aquel en que se ha tramitado el juicio» por la referencia a «partido judicial distinto a aquel en que se ha tramitado el juicio» y añadiendo el último párrafo para el caso de no ser preceptiva la intervención de procurador/a o letrado/a respecto de los consumidores.

Entre tanto no entre en vigor dicha reforma el contenido del artículo será el siguiente:

«Cuando la intervención de abogado y procurador no sea preceptiva, de la eventual condena en costas de la parte contraria a la que se hubiese servido de dichos profesionales se excluirán los derechos y honorarios devengados por los mismos, salvo que el Tribunal aprecie temeridad en la conducta del condenado en costas o que el domicilio de la parte representada y defendida esté en lugar distinto a aquel en que se ha tramitado el juicio, operando en este último caso las limitaciones a que se refiere el apartado 3 del artículo 394 de esta ley. También se excluirán, en todo caso, los derechos devengados por el procurador como consecuencia de aquellas actuaciones de carácter meramente facultativo que hubieran podido ser practicadas por las Oficinas judiciales».

(6) El artículo 394.3 de la LEC se ha visto afectado por la LO 1/2025, de 2 de enero, en vigor a partir del 03/04/2025, quedando redactado como sigue:

«Cuando, en aplicación de lo dispuesto en el apartado 1, se impusieren las costas al litigante vencido, éste sólo estará obligado a pagar, de la parte que corresponda a los abogados y demás profesionales que no estén sujetos a tarifa o arancel, una cantidad total que no exceda de la tercera parte de la cuantía del proceso, por cada uno de los litigantes que hubieren obtenido tal pronunciamiento; a estos solos efectos, las pretensiones inestimables se valorarán en 24.000 euros, salvo que, en razón de la complejidad del asunto, el tribunal disponga otra cosa.

No se aplicará lo dispuesto en el párrafo anterior cuando el tribunal declare la temeridad del litigante condenado en costas.

Cuando el condenado en costas sea titular del derecho de asistencia jurídica gratuita, éste únicamente estará obligado a pagar las costas causadas en defensa de la parte contraria en los casos expresamente señalados en la Ley 1/1996, de 10 de enero, de Asistencia Jurídica Gratuita. Cuando la parte beneficiada en costas sea titular del derecho de asistencia jurídica gratuita, las mismas deberán ser abonadas a las personas profesionales que se hayan designado para su representación y dirección jurídica, que estarán obligadas a devolver las cantidades eventualmente percibidas con cargo a fondos públicos por su intervención en el proceso. A tales efectos, se comunicará por la Oficina judicial a los colegios profesionales correspondientes dicha circunstancia».

Solicitud de exoneración o moderación del pago de las costas procesales

Por la **LO 1/2025, de 2 de enero**, con efectos a partir del 03/04/2025, se añade el apdo. 5 al art. 245 de la LEC, que reza:

«5. Sin perjuicio de lo dispuesto en los apartados anteriores y en el mismo plazo, la parte condenada al pago de las costas podrá solicitar la exoneración de su pago o la moderación de su cuantía cuando hubiera formulado una propuesta a la parte contraria en cualquiera de los medios adecuados de solución de controversias al que hubieran acudido, la misma no hubiera sido aceptada por la parte requerida y la resolución judicial que ponga término al procedimiento sea sustancialmente coincidente con el contenido de dicha propuesta.

Las mismas consecuencias tendrá el rechazo injustificado de la propuesta que hubiese formulado el tercero neutral, cuando la sentencia recaída en el proceso sea sustancialmente coincidente con la citada propuesta.

A la solicitud de exoneración o modificación deberá acompañar la documentación íntegra referida a la propuesta formulada, que en este momento procesal y a estos efectos, estará dispensada de confidencialidad. De no acompañarse dicha documentación, el Letrado de la Administración de Justicia, mediante decreto, inadmitirá a trámite la solicitud. Frente a este decreto cabrá interponer recurso de revisión».

A TENER EN CUENTA. Este formulario será de aplicación a partir de la citada fecha.

Procedimiento: [DESCRIPCIÓN]

Autos: [NÚMERO]/[NÚMERO]

AL JUZGADO DE PRIMERA INSTANCIA NÚM. [NUMERO] **DE** [LUGAR] **(1)**

Don/Doña [NOMBRE_PROCURADOR/A_CLIENTE], procurador/a de los tribunales y de don/doña [NOMBRE_ CLIENTE], tal y como consta acreditado en las actuaciones, y bajo la dirección letrada de don/doña [NOMBRE_ABOGADO/A_CLIENTE], ante este juzgado comparezco y, como mejor proceda en derecho,

DIGO

Que, mediante el presente escrito **SOLICITAMOS EXONERACIÓN** de la cantidad de [CANTIDAD] euros recaída en concepto de costas procesales en el procedimiento de referencia en aras a lo establecido en el apdo. 5 del art. 245 de la LEC **(2)**.

ALEGACIONES

PRIMERA.- Con fecha [FECHA] recayó sentencia de [ESPECIFICAR TRIBUNAL] por el que se fijaba la cantidad referente a la tasación de costas en [CANTIDAD] euros.

Esta parte procesal se encuentra legitimada para recurrir, dado que la resolución que se impugna es desfavorable a sus intereses, conforme al artículo 448 de la LEC.

SEGUNDA.- Adjuntamos a la presente solicitud los siguientes documentos:

 – Propuesta a la parte contraria de [ESPECIFICAR MEDIO ADECUADO DE SO-LUCIÓN DE CONTROVERSIAS AL QUE HUBIERAN ACUDIDO] como **documento n.º** [NÚMERO].

 – Acuse de recibo de la propuesta por la parte contraria como **documento n.º** [NÚMERO].

[CUALQUIER OTRO DOCUMETNO QUE SE TENGA REFERENTE A LA PROPUESTA].

Por lo expuesto,

SUPLICO AL JUZGADO:

Que tenga por presentada la **PRESENTE SOLICITUD**, se sirva admitirla y termine resolviendo conforme a nuestros pedimentos.

Es justicia que pido en [LUGAR], a [DÍA], [MES], [AÑO].

Firma [NOMBRE_ABOGADO/A_CLIENTE]
Firma [NOMBRE_PROCURADOR/A_CLIENTE]

---

(1) Conforme a la disposición transitoria primera de la Ley Orgánica 1/2025, de 2 de enero, de medidas en materia de eficiencia del Servicio Público de Justicia, el 31 de diciembre de 2025, culminará el proceso de transformación de los juzgados en las respectivas secciones de los tribunales de instancia que correspondan.

(2) El apdo.5 del art. 245 de la LEC ha sido añadido por la LO 1/2025, de 2 de enero, en vigor a partir del 03/04/2025.

Recurso de revisión contra decreto fijando costas tras solicitud de exoneración o reducción

Por la **LO 1/2025, de 2 de enero**, con efectos a partir del 03/04/2025, se añade el art. 245 bis de la LEC, que reza en su apdo. 2:

> «2. En el caso de que la parte favorecida por la condena en costas aceptase la exoneración o la reducción solicitada de contrario, se procederá por el letrado o la letrada de la Administración de Justicia a dictar decreto fijando, en su caso, la cantidad debida en los términos de la solicitud. Se entenderá que presta su conformidad a la solicitud si deja pasar el plazo sin evacuar el traslado.
> Contra este decreto cabrá interponer recurso de revisión».

A TENER EN CUENTA. Este formulario será de aplicación a partir de dicha fecha.

Procedimiento: [DESCRIPCIÓN]

Autos: [NÚMERO]/[NÚMERO]

AL JUZGADO DE PRIMERA INSTANCIA NÚM. [NUMERO] **DE** [LUGAR] **(1)**

Don/Doña [NOMBRE_PROCURADOR/A_CLIENTE], procurador/a de los tribunales y de don/doña [NOMBRE_ CLIENTE], tal y como consta acreditado en las actuaciones, y bajo la dirección letrada de **don/doña** [NOMBRE_ABOGADO/A_CLIENTE], ante este juzgado comparezco y, como mejor proceda en derecho,

DIGO

Que, mediante el presente escrito interponemos **RECURSO DE REVISIÓN** contra el decreto del letrado de la Administración de Justicia de fecha [FECHA] por el que se fija en la cantidad de [CANITDAD] euros en concepto de costas procesales.

ALEGACIONES

PRIMERA.- Con fecha [FECHA] recayó decreto por el que se fijaba la cantidad referente a la tasación de costas en [CANTIDAD] euros, tras solicitar la exoneración de la mismas por esta parte en aras a lo establecido en el apdo. 2 del artículo 245 bis de la LEC **(2)**.

Esta parte procesal se encuentra legitimada para recurrir, dado que la resolución que se impugna es desfavorable a sus intereses, conforme al artículo 448 de la LEC.

SEGUNDA.- Dicho sea con los debidos respectos y en estrictos términos de defensa, apreciamos que **deben exonerarse las costas procesales** pues de acuerdo con lo establecido en el apdo. 5 del art. 245 de la LEC **(3)**, está parte en fecha [ESPECIFICAR] formuló una propuesta a la parte contraria a [ESPECIFICAR MEDIO ADECUADO DE SOLICIÓN DE CONTROVERSIAS], propuesta que de adversa rechazó obligándonos de esta manera a acudir a los tribunales para solucionar la discrepancia.

Adjuntamos a la presente propuesta de solicitud de acudir a [ESPECIFICAR MEDIO ADECUADO DE SOLICIÓN DE CONTROVERSIAS] como **documento n.º** [NÚMERO] y acuse de recibo de la referida propuesta como **documento n.º** [NÚMERO].

Por lo expuesto,

SUPLICO AL JUZGADO:

Que tenga por presentado el presente **RECURSO DE REVISIÓN**, se sirva admitirlo dejando sin efecto el precitado decreto del letrado de la Administración de Justicia recurrido, y termine resolviendo conforme a nuestros pedimentos, condenando en costas a la parte contraria si se opusiere.

Es justicia que pido en [LUGAR], a [DÍA], [MES], [AÑO].

Firma [NOMBRE_ABOGADO/A_CLIENTE]

Firma [NOMBRE_PROCURADOR/A_CLIENTE]

OTROSÍ DIGO, siendo intención de esta parte cumplir con todos los requisitos legales, a tenor de lo previsto en el artículo 231 de la Ley de Enjuiciamiento Civil, se solicita se le diere traslado de cualquier defecto que adoleciere este recurso, para la inmediata subsanación de la misma.

SUPLICO AL JUZGADO:

Que tenga por efectuada la anterior manifestación a los efectos oportunos.

Por ser de justicia, fecha y lugar *ut supra*.

Firma [NOMBRE_ABOGADO/A_CLIENTE]

Firma [NOMBRE_PROCURADOR/A_CLIENTE]

---

(1) Conforme a la disposición transitoria primera de la Ley Orgánica 1/2025, de 2 de enero, de medidas en materia de eficiencia del Servicio Público de Justicia, el 31 de diciembre de 2025, culminará el proceso de transformación de los juzgados en las respectivas secciones de los tribunales de instancia que correspondan.

(2) El artículo 245 bis de la LEC ha sido añadido por la LO 1/2025, de 2 de enero, en vigor a partir del 03/04/2025.

(3) El apdo.5 del art. 245 de la LEC ha sido añadido por la LO 1/2025, de 2 de enero, en vigor a partir del 03/04/2025.

Recurso de reposición contra auto de reducción de costas

Por la **LO 1/2025, de 2 de enero**, con efectos a partir del 03/04/2025, se añade el art. 245 bis de la LEC, que reza en su apdo. 3:

> «3. En el caso de que la parte favorecida por la condena en costas no aceptase la exoneración o la reducción solicitada de contrario, se resolverá por el tribunal si son o no procedentes en la cuantía tasada, mediante auto sin condena en costas. Si se considerara procedente una reducción, el auto deberá indicar el porcentaje concreto y las partidas objeto de la misma.
> Contra este auto cabrá interponer recurso de reposición».

A TENER EN CUENTA. Este formulario será de aplicación a partir de dicha fecha.

Procedimiento: [DESCRIPCIÓN]

Autos: [NÚMERO]/[NÚMERO]

AL JUZGADO DE PRIMERA INSTANCIA NÚM. [NUMERO] DE [LUGAR] (1)

Don/Doña [NOMBRE_PROCURADOR/A_CLIENTE], procurador/a de los tribunales y de don/doña [NOMBRE_ CLIENTE], tal y como consta acreditado en las actuaciones, y bajo la dirección letrada de don/doña [NOMBRE_ABOGADO/A_CLIENTE], ante este juzgado comparezco y, como mejor proceda en derecho,

DIGO

Que, mediante el presente escrito interponemos **RECURSO DE REPOSICIÓN (2)** contra el auto de fecha [FECHA] por el que se fija la reducción de las costas procesales.

ALEGACIONES

PRIMERA.- Con fecha [FECHA] recayó auto por el que el tribunal considera procedente una reducción de las costas y en el que se indicaba [ESPECIFICAR], tras haber solicitado la exoneración o reducción de las mismas por la parte contraria y ser rechazada esta propuesta por nuestra parte.

Esta parte procesal se encuentra legitimada para recurrir, dado que la resolución que se impugna es desfavorable a sus intereses, conforme al artículo 448 de la LEC.

SEGUNDA.- Dicho sea con los debidos respectos y en estrictos términos de defensa, apreciamos que no debe exonerarse ni por ende reducirse las costas procesales, pues la parte contraría no cumple con ninguno de los requisitos establecidos en el apdo. 5 del art. 245 de la LEC (3), para poder reducir o exonerar las costas procesales:

> «5. Sin perjuicio de lo dispuesto en los apartados anteriores y en el mismo plazo, la parte condenada al pago de las costas podrá solicitar la exoneración de su pago o la moderación de su cuantía cuando hubiera formulado una pro-

puesta a la parte contraria en cualquiera de los medios adecuados de solución de controversias al que hubieran acudido, la misma no hubiera sido aceptada por la parte requerida y la resolución judicial que ponga término al procedimiento sea sustancialmente coincidente con el contenido de dicha propuesta.

Las mismas consecuencias tendrá el rechazo injustificado de la propuesta que hubiese formulado el tercero neutral, cuando la sentencia recaída en el proceso sea sustancialmente coincidente con la citada propuesta.

A la solicitud de exoneración o modificación deberá acompañar la documentación íntegra referida a la propuesta formulada, que en este momento procesal y a estos efectos, estará dispensada de confidencialidad. De no acompañarse dicha documentación, el Letrado de la Administración de Justicia, mediante decreto, inadmitirá a trámite la solicitud. Frente a este decreto cabrá interponer recurso de revisión».

Por lo expuesto,

SUPLICO AL JUZGADO:

Que tenga por presentado el presente **RECURSO DE REPOSICIÓN (2)**, se sirva admitirlo dejando sin efecto el precitado auto recurrido, y termine resolviendo conforme a nuestros pedimentos.

Es justicia que pido en [LUGAR], a [DÍA], [MES], [AÑO].

Firma [NOMBRE_ABOGADO/A_CLIENTE]

Firma [NOMBRE_PROCURADOR/A_CLIENTE]

OTROSÍ DIGO, siendo intención de esta parte cumplir con todos los requisitos legales, a tenor de lo previsto en el artículo 231 de la Ley de Enjuiciamiento Civil, se solicita se le diere traslado de cualquier defecto que adoleciere este recurso, para la inmediata subsanación de la misma.

SUPLICO AL JUZGADO:

Que tenga por efectuada la anterior manifestación a los efectos oportunos.

Por ser de justicia, fecha y lugar *ut supra*.

Firma [NOMBRE_ABOGADO/A_CLIENTE]

Firma [NOMBRE_PROCURADOR/A_CLIENTE]

---

(1) Conforme a la disposición transitoria primera de la Ley Orgánica 1/2025, de 2 de enero, de medidas en materia de eficiencia del Servicio Público de Justicia, el 31 de diciembre de 2025, culminará el proceso de transformación de los juzgados en las respectivas secciones de los tribunales de instancia que correspondan.

(2) El artículo 245 bis de la LEC ha sido añadido por la LO 1/2025, de 2 de enero, en vigor a partir del 03/04/2025.

(3) El apdo.5 del art. 245 de la LEC ha sido añadido por la LO 1/2025, de 2 de enero, en vigor a partir del 03/04/2025.

Recurso de revisión contra la inadmisión a trámite de la solicitud de exoneración de costas

Por la **LO 1/2025, de 2 de enero**, con efectos a partir del 03/04/2025, se añade el apdo. 5 al art. 245 de la LEC, que reza como sigue:

«5. Sin perjuicio de lo dispuesto en los apartados anteriores y en el mismo plazo, la parte condenada al pago de las costas podrá solicitar la exoneración de su pago o la moderación de su cuantía cuando hubiera formulado una propuesta a la parte contraria en cualquiera de los medios adecuados de solución de controversias al que hubieran acudido, la misma no hubiera sido aceptada por la parte requerida y la resolución judicial que ponga término al procedimiento sea sustancialmente coincidente con el contenido de dicha propuesta.

Las mismas consecuencias tendrá el rechazo injustificado de la propuesta que hubiese formulado el tercero neutral, cuando la sentencia recaída en el proceso sea sustancialmente coincidente con la citada propuesta.

A la solicitud de exoneración o modificación deberá acompañar la documentación íntegra referida a la propuesta formulada, que en este momento procesal y a estos efectos, estará dispensada de confidencialidad. De no acompañarse dicha documentación, el Letrado de la Administración de Justicia, mediante decreto, inadmitirá a trámite la solicitud. Frente a este decreto cabrá interponer recurso de revisión».

A TENER EN CUENTA. Este formulario será de aplicación a partir de la mencionada fecha.

Procedimiento: [DESCRIPCIÓN]

Autos: [NÚMERO]/[NÚMERO]

AL JUZGADO DE PRIMERA INSTANCIA NÚM. [NUMERO] DE [LUGAR] (1)

Don/Doña [NOMBRE_PROCURADOR/A_CLIENTE], procurador/a de los tribunales y de **don/doña** [NOMBRE_ CLIENTE], tal y como consta acreditado en las actuaciones, y bajo la dirección letrada de **don/doña** [NOMBRE_ABOGADO/A_CLIENTE], ante este juzgado comparezco y, como mejor proceda en derecho,

DIGO

Que, mediante el presente escrito interponemos **RECURSO DE REVISIÓN** contra el decreto del letrado de la Administración de Justicia de fecha [FECHA] por la que se inadmite a trámite la solicitud de exoneración de costas procesales recaídas en el procedimiento de referencia.

ALEGACIONES

PRIMERA.- Con fecha [FECHA] recayó decreto por el que se inadmite la solicitud de exoneración de costas procesales presentada por esta parte basándose en que está parte no acompañó la documentación íntegra a la que se refiere el apdo. 5 del art. 245 de la LEC **(2)**.

Esta parte procesal se encuentra legitimada para recurrir, dado que la resolución que se impugna es desfavorable a sus intereses, conforme al artículo 448 de la LEC.

SEGUNDA.- Dicho sea con los debidos respectos y en estrictos términos de defensa, apreciamos que debe admitirse la solicitud para la exoneración de costas procesales presentada por esta parte ya que la documentación que se acompañó con la mencionada solicitud, es toda cuanta obra en nuestro poder, siendo la siguiente:

    – [ENUMERAR LA DOCUMENTACIÓN ACOMPAÑADA CON LA SOLICITUD]

Por lo expuesto,

SUPLICO AL JUZGADO:

Que tenga por presentado el presente **RECURSO DE REVISIÓN**, se sirva admitirlo dejando sin efecto el precitado decreto del letrado de la Administración de Justicia recurrido, y termine resolviendo conforme a nuestros pedimentos.

Es justicia que pido en [LUGAR], a [DÍA], [MES], [AÑO].

Firma [NOMBRE_ABOGADO/A_CLIENTE]
Firma [NOMBRE_PROCURADOR/A_CLIENTE]

OTROSÍ DIGO, siendo intención de esta parte cumplir con todos los requisitos legales, a tenor de lo previsto en el artículo 231 de la Ley de Enjuiciamiento Civil, se solicita se le diere traslado de cualquier defecto que adoleciere este recurso, para la inmediata subsanación de la misma.

SUPLICO AL JUZGADO:

Que tenga por efectuada la anterior manifestación a los efectos oportunos.

Por ser de justicia, fecha y lugar *ut supra*.

Firma [NOMBRE_ABOGADO/A_CLIENTE]
Firma [NOMBRE_PROCURADOR/A_CLIENTE]

---

(1) Conforme a la disposición transitoria primera de la Ley Orgánica 1/2025, de 2 de enero, de medidas en materia de eficiencia del Servicio Público de Justicia, el 31 de diciembre de 2025, culminará el proceso de transformación de los juzgados en las respectivas secciones de los tribunales de instancia que correspondan.

(2) El apdo.5 del art. 245 de la LEC ha sido añadido por la LO 1/2025, de 2 de enero, en vigor a partir del 03/04/2025.

2.
TASACIÓN DE COSTAS EN EL ORDEN CONTENCIOSO-ADMINISTRATIVO

Escrito solicitando la ejecución forzosa de la condena en costas a la Administración en el procedimiento contencioso-administrativo

Procedimiento: [ESPECIFICAR]

Autos: [NÚMERO/AÑO]

AL JUZGADO DE LO CONTENCIOSO-ADMINISTRATIVO N.º [NUMERO] **DE** [LOCALIDAD] **(1)**

Don/Doña [NOMBRE_PROCURADOR_CLIENTE], procurador/a de los tribunales, actuando en nombre y representación de **don/doña** [NOMBRE_CLIENTE], con [NIF_CIF_DNI_CLIENTE], representación que consta acreditada en los autos de referencia, bajo la dirección técnica de don/doña [NOMBRE_ABOGADO_CLIENTE], abogado/a con número de colegiado/a [NÚMERO_COLEGIADO_ABOGADO_CLIENTE] del Iltre. Colegio de Abogados de [LOCALIDAD], ante el juzgado comparezco y como mejor proceda en derecho,

DIGO

Que por medio del presente escrito vengo a presentar **SOLICITUD DE EJECUCIÓN** de las costas declaradas en decreto de [FECHA], conforme a lo establecido en el **art. 104 de la LJCA** todo ello con base a las siguientes:

ALEGACIONES

PRIMERA.- Por sentencia de fecha [FECHA] de este órgano al que me dirijo, y con estimación de mis pretensiones, se puso fin al procedimiento [NÚMERO] sobre [ESPECIFICAR], condenando a [ESPECIFICAR], la Administración demandada, a [DESCRIPCIÓN].

SEGUNDA.- La referida sentencia, atendiendo a lo dispuesto en el **artículo 139** de la Ley 29/1998, de 13 de julio, reguladora de la Jurisdicción contencioso-administrativa **(2)** condena igualmente en costas a la Administración demandada.

TERCERA.- Han transcurrido más de 3 meses desde la fecha de comunicación de tal resolución **(3)** por lo cual ya es admisible, en atención a lo dispuesto en el **artículo 106.3 de la LJCA**, instar su ejecución forzosa:

> «No obstante lo dispuesto en el artículo 104.2, transcurridos tres meses desde que la sentencia firme sea comunicada al órgano que deba cumplirla, se podrá instar la ejecución forzosa. En este supuesto, la autoridad judicial, oído el órgano encargado de hacerla efectiva, podrá incrementar en dos puntos el interés legal a devengar, siempre que apreciase falta de diligencia en el cumplimiento».

CUARTA.- Previos los trámites oportunos, por decreto de [FECHA] del letrado de la Administración de Justicia de este órgano al que me dirijo, se procedió a aprobar la tasación de las costas que está obligada a satisfacer la Administración demandada, en atención a lo dispuesto en los **artículos 243 y 244 (4)** de la LEC, en una cuantía de [NÚMERO] euros, sin que tal tasación haya sido impugnada ni se haya solicitado exoneración o reducción conforme a lo previsto en el artículo 245.5 de la LEC **(5)**.

Por lo anteriormente expuesto,

SUPLICO AL JUZGADO,

Que tenga por presentado este escrito y conforme a lo establecido en el art. **106 de la LJCA y 551.1 de la LEC (6)** se dicte auto en el que se contenga la orden general de ejecución y se despache la misma.

Es justicia que pido en [LOCALIDAD], a [DÍA] de [MES] de [AÑO].

[FIRMA_PROCURADOR] [FIRMA_ABOGADO]

---

(1) Conforme a la disposición transitoria primera de la Ley Orgánica 1/2025, de 2 de enero, de medidas en materia de eficiencia del Servicio Público de Justicia, el 31 de diciembre de 2025 culminará el proceso de transformación de los juzgados en las respectivas secciones de los tribunales de instancia que correspondan.

(2) El art. 139.4 de la LJCA ha sido modificado mediante Real Decreto-ley 6/2023, de 19 de diciembre, con entrada en vigor el 20 de marzo de 2024. Por medio de esta reforma se introduce una limitación a las costas de la primera instancia:

«4. En primera o única instancia, la parte condenada en costas estará obligada a pagar una cantidad total que no exceda de la tercera parte de la cuantía del proceso, por cada uno de los favorecidos por esa condena; a estos solos efectos, las pretensiones de cuantía indeterminada se valorarán en 18.000 euros, salvo que, por razón de la complejidad del asunto, el tribunal disponga razonadamente otra cosa.

En los recursos, y sin perjuicio de lo previsto en el apartado anterior, la imposición de costas podrá ser a la totalidad, a una parte de éstas o hasta una cifra máxima».

(3) O, en su caso, conforme al artículo 104.2 de la LJCA *«que ha transcurrido el plazo fijado en la misma para el cumplimiento del fallo conforme al artículo 71.1.c) de la LJCA».*

(4) El artículo 244.3 de la LEC ha sido modificado por la LO 1/2025, de 2 de enero, en vigor a partir del 3 de abril de 2025, que queda redactado en los siguientes términos:

«Transcurrido el plazo establecido en el apartado 1 sin haber sido impugnada la tasación de costas practicada o sin haberse solicitado la exoneración o reducción de acuerdo con lo previsto en el artículo siguiente, el letrado o la letrada de la Administración de Justicia la aprobará mediante decreto. Contra esta resolución cabe recurso directo de revisión, y contra el auto resolviendo el recurso de revisión no cabe recurso alguno».

(5) Se incorpora el apartado 5 del artículo 245 de la LEC en relación con la posibilidad de exoneración de pago de las costas o la moderación de su cuantía por la reforma operada por la LO 1/2025, de 2 de enero, en vigor a partir del 03/04/2025.

(6) El art. 551 de la LEC ha sido modificado por la LO 1/2025, de 2 de enero, en vigor a partir del 03/04/2025, incorporando el número 6.º de su apartado segundo.

Escrito solicitando tasación de costas en el contencioso-administrativo

Procedimiento: [ESPECIFICAR]

AL JUZGADO CONTENCIOSO-ADMINISTRATIVO N.º [NÚMERO] **DE** [LUGAR] **(1)**

Don/Doña [NOMBRE_PROCURADOR_CLIENTE], procurador/a de los tribunales de [LUGAR], actuando en nombre y representación de **don/doña** [NOMBRE_CLIENTE], representación que consta acreditada en los autos de referencia, bajo la dirección técnica de **don/doña** [NOMBRE_ABOGADO_CLIENTE] **(2)**, comparezco y como mejor proceda en derecho,

DIGO

Que se me ha dado traslado de la sentencia de [FECHA] y, siendo firme y habiendo sido condenada en costas la parte contraria, de acuerdo con la normativa de aplicación, artículos 139 de la Ley 29/1998, de 13 de julio, reguladora de la Jurisdicción contencioso-administrativa y 241 y siguientes de la LEC procedo a presentar este **escrito de petición de tasación de costas**, adjuntando al mismo la minuta de honorarios del/ de la letrado/a que ha asumido la dirección técnica del asunto del que trae causa el presente y la cuenta detallada de los derechos sujetos a arancel por mí devengados.

Por lo anteriormente expuesto

AL JUZGADO SOLICITO:

Que, habiendo presentado este escrito y los documentos que se acompañan, se sirva admitirlo, y proceda a iniciar el procedimiento de tasación de costas, incluyendo en las mismas los honorarios del letrado/a de esta parte por el importe de la minuta de honorarios que se adjunta y los aranceles y gastos devengados por este procurador/a, igualmente por el importe indicado en el correspondiente documento adjunto y, tras los trámites pertinentes, que apruebe el decreto de tasación de las costas.

En [LOCALIDAD], a [DÍA] de [MES] de [AÑO].

[FIRMA_ABOGADO] [FIRMA_PROCURADOR]

---

(1) Conforme a la disposición transitoria primera de la Ley Orgánica 1/2025, de 2 de enero, de medidas en materia de eficiencia del Servicio Público de Justicia, el 31 de diciembre de 2025, culminará el proceso de transformación de los juzgados en las respectivas secciones de los tribunales de instancia que correspondan.

(2) Según lo previsto en el artículo 23 de la LJCA las partes, en sus actuaciones ante órganos unipersonales, las partes podrán conferir su representación a un procurador y serán asistidas, en todo caso, por abogado. Por otro lado, en sus actuaciones ante órganos colegiados, las partes deberán conferir su representación a un procurador y ser asistidas por abogado.

Escrito de impugnación de costas en el orden contencioso por incluir los honorarios del procurador cuando no es preceptiva su actuación

Procedimiento: [NÚMERO]

AL JUZGADO DE LO CONTENCIOSO-ADMINISTRATIVO N.º [NÚMERO] **DE** [LOCALIDAD] **(1)**

Don/Doña [NOMBRE_PROCURADOR_CLIENTE], procurador/a de los tribunales de [LUGAR], actuando en nombre y representación de **don/doña** [NOMBRE_CLIENTE], representación que consta acreditada en los autos de referencia, bajo la dirección técnica letrada de don/doña [NOMBRE_ABOGADO_CLIENTE] **(2)**, comparezco y como mejor proceda en derecho,

DIGO

Que, en fecha [FECHA] me ha sido notificada diligencia de ordenación por la que se me da traslado de la tasación de costas practicada en el procedimiento de referencia, y toda vez que la misma no es adecuada a derecho, en tiempo y forma, por medio del presente escrito procedo a **IMPUGNAR LA TASACIÓN DE COSTAS, por indebidas, en cuanto a los derechos del procurador,** todo ello en base a las siguientes:

ALEGACIONES

PRIMERA.- De acuerdo con el artículo 241 de la LEC salvo lo dispuesto en la Ley de Asistencia Jurídica Gratuita, cada parte pagará los gastos y costas del proceso causados a su instancia a medida que se vayan produciendo,

Los gastos del proceso son aquellos que tengan su origen directo e inmediato en la existencia del proceso, y las costas la parte de los referidos gastos que se refieran al pago de diferentes conceptos entre los que se encuentran «los *honorarios de la defensa y representación técnica cuando sean preceptivas»*.

Es decir, las costas solo incluirán los gastos de la representación técnica únicamente cuando la misma sea preceptiva.

Asimismo, el **artículo 23 de la LJCA,** en sus apartados 1 y 2, establece:

> «1. En sus actuaciones ante órganos unipersonales, las partes podrán conferir su presentación a un Procurador y serán asistidas, en todo caso, por Abogado.
> Cuando las partes confieran su representación al Abogado, será a éste a quien se notifiquen las actuaciones.
> 2. En sus actuaciones ante órganos colegiados, las partes deberán conferir su representación a un Procurador y ser asistidas por Abogado».

El juzgado de lo contencioso-administrativo **(1)** es un órgano unipersonal, la intervención de procurador/a en el procedimiento no es preceptiva, por lo que todos los derechos correspondientes a la actuación técnica del/de la procurador/a deben ser excluidas de la tasación de costas practicada.

Por todo lo expuesto,

SUPLICO AL JUZGADO:

Que teniendo por presentado este escrito con sus copias se sirva admitirlo y, tenga por hechas las alegaciones contenidas en el mismo y por interpuesto, en tiempo y forma, escrito de **IMPUGNACIÓN DE TASACIÓN DE COSTAS POR INDEBIDAS,** y previos los trámites procesales oportunos, dicte resolución por la que se excluyan los derechos del procurador contenidos en la tasación de costas impugnada.

Por ser de justicia, en [CIUDAD], a [DÍA] de [MES] de [AÑO]

[FIRMA_ABOGADO] [FIRMA_PROCURADOR]

---

(1) Conforme a la disposición transitoria primera de la Ley Orgánica 1/2025, de 2 de enero, de medidas en materia de eficiencia del Servicio Público de Justicia, el 31 de diciembre de 2025 culminará el proceso de transformación de los juzgados en las respectivas secciones de los tribunales de instancia que correspondan.

(2) Según lo previsto en el artículo 23 de la Ley 29/1998, de 13 de julio, las partes, en sus actuaciones ante órganos unipersonales, podrán conferir su representación a un procurador y serán asistidas, en todo caso, por abogado. Por otro lado, en sus actuaciones ante órganos colegiados, las partes deberán conferir su representación a un procurador y ser asistidas por abogado.

3.
TASACIÓN DE COSTAS EN EL ORDEN SOCIAL

Escrito del ejecutado oponiéndose a las costas fijadas por el Juzgado de lo Social por considerarlas indebidas o excesivas

Autos: [NÚMERO_AUTOS]

Ejecución: [NÚMERO]

AL JUZGADO DE LO SOCIAL NUMERO [NÚMERO] **DE** [LOCALIDAD] **(1)**

Don/Doña [NOMBRE], letrada/o designada/o por **don/doña** [NOMBRE_CLIENTE], en las actuaciones al margen expresadas seguidas a su instancia frente a la empresa [NOMBRE_EMPRESA], en demanda por [DESCRIPCIÓN], ante este Juzgado de lo Social **(1)** comparece y como mejor en derecho proceda,

DICE

ÚNICO.- Por medio del presente escrito viene a impugnar las costas fijadas por el juzgado **(1)** por entender que se han incluido [ESPECIFICAR], considerando que dicha inclusión no procede por ser las **partidas indebidas y excesivas**.

Consideramos que las partidas incluidas en [ESPECIFICAR] son indebidas **(2)** por las razones siguientes:

  – [DESCRIPCIÓN]
  – [DESCRIPCIÓN]

Consideramos que las partidas incluidas en [ESPECIFICAR] son excesivas **(3)** por las razones siguientes:

  – [DESCRIPCIÓN]
  – [DESCRIPCIÓN]

Y, por lo expuesto,

SUPLICO AL JUZGADO:

Que teniendo por presentado este escrito se sirva admitirlo y, en su virtud, tenga por impugnadas por indebidas y excesivas las costas establecidas por el juzgado **(1)**.

En [LOCALIDAD], a [DÍA] de [MES] de [AÑO].

[FIRMA_ABOGADO]

---

(1) Conforme a la disposición transitoria primera de la Ley Orgánica 1/2025, de 2 de enero, de medidas en materia de eficiencia del Servicio Público de Justicia, el 31 de diciembre de 2025, culminará el proceso de transformación de los juzgados en las respectivas secciones de los tribunales de instancia que correspondan.

(2) En el orden jurisdiccional social no es preceptiva la intervención de procurador, por lo que el art. 235 de la LRJS no contempla sus honorarios como costas. El TS ha establecido la excepción de que podrá incluirse en las costas cuando las partes residan en partido judicial

diferente al de tramitación del juicio por aplicación del artículo 32.5 de la LEC. Este precepto ha sido modificado por la LO 1/2025, de 2 de enero, con efectos desde el 3 de abril de 2025, sustituyendo, por lo que a la excepción mencionada se refiere, la alusión a «lugar distinto a aquel en que se ha tramitado el juicio» por la referencia a «partido judicial distinto a aquel en que se ha tramitado el juicio».

En relación con lo anterior señala el TS en su auto, rec. 1603/2014, de 3 de mayo de 2016, ECLI:ES:TS:2016:4377A:

«(...) Pero esta regla general tiene una excepción, prevista en el artículo 11 de la Ley de Enjuiciamiento Civil [art. 32.5 LECiv/2000], de aplicación supletoria en el proceso laboral - Disposición Adicional 1.ª, del Texto Articulado de la Ley de Procedimiento Laboral [DF Cuarta LRJS]- cuando la residencia de la parte no coincide con la sede del Órgano judicial correspondiente»; precepto -art. 32.5- que literalmente sostiene que "[c]uando la intervención de abogado y procurador no sea preceptiva, de la eventual condena en costas de la parte contraria a la que se hubiese servido de dichos profesionales se excluirán los derechos y honorarios devengados por los mismos, salvo que ... el domicilio de la parte representada y defendida esté en lugar distinto a aquel en que se ha tramitado el juicio"».

(3) Los arts. 66 y 97 de la LRJS establece el límite de 600€ para las costas relativas a los honorarios del abogado y del graduado social. Por su parte, el art. 235 se refiere a las costas del recurso, que no podrán superar la cantidad de 1.200 euros en el recurso de suplicación, y de 1.800 euros en el recurso de casación.

Escrito del ejecutante solicitando se le haga entrega del principal y se practique liquidación de intereses y tasación de costas de la ejecución

«Las cantidades que se obtengan en favor de los ejecutantes se aplicarán, por su orden, al pago del principal, intereses y costas una vez liquidados aquéllos y tasadas éstas» (art. 268.1 de la LRJS).

Por su parte el art. 269 de la mentada LRJS establece:

«1. Cubierta la cantidad objeto de apremio en concepto de principal, el letrado de la Administración de Justicia practicará diligencia de liquidación de los intereses devengados.

2. La liquidación de intereses podrá formularse al tiempo que se realice la tasación de costas y en la propia diligencia. Si se impugnaran ambas operaciones, su tramitación podrá acumularse.

3. Los honorarios o derechos de abogados, incluidos los de las Administraciones públicas, procuradores y graduados sociales colegiados, devengados en la ejecución podrán incluirse en la tasación de costas».

Autos: [NÚMERO]

Ejecución: [NÚMERO]

AL JUZGADO DE LO SOCIAL NÚMERO [NÚMERO] **DE** [LOCALIDAD] **(1)**

Don/Doña [ABOGADO_CLIENTE], letrado/a en ejercicio, con despacho abierto en [LOCALIDAD], C/ [CALLE], el cual tengo designado a efectos de comunicaciones, en nombre y representación de **don/doña** [NOMBRE_CLIENTE], en virtud de la representación acreditada, ante el Juzgado de lo Social n.º [NUMERO] de [LOCALIDAD] **(1)**, en los presentes autos, seguidos a instancia de don/doña [NOMBRE_CLIENTE] contra don/doña [NOMBRE_PARTE_CONTRARIA] sobre [ESPECIFICAR] y como mejor proceda en derecho,

DIGO

PRIMERO.- Habiéndose obtenido en el apremio hasta ahora realizado en la presente ejecución laboral, importe suficiente para cubrir el principal adeudado, de conformidad con lo establecido en el art. 268.1 de la Ley 36/2011, de 10 de octubre, reguladora de la jurisdicción social, interesa al derecho de esta parte que se le haga pago de tal principal, que asciende a la cantidad de [CANTIDAD] euros.

SEGUNDO.- De otra parte, y conforme al art. 269 de la mentada Ley 36/2011, de 10 de octubre, reguladora de la jurisdicción social, resulta procedente que, por el letrado de la Administración de Justicia se practique liquidación de intereses devengados y tasación de costas.

A efectos de lo anterior, acompañamos como doc. n.º [NÚMERO] minuta de honorarios devengados por el/la letrado/a de la parte actora al amparo del citado art. 269.3 de la Ley 36/2011, reguladora de la jurisdicción social, a fin de que sea incluida junto con los demás conceptos que sean procedentes.

Por lo expuesto,

SOLICITO AL JUZGADO:

Que, tenga por presentado este escrito, junto con la minuta del letrado/a ya expresada, con sus copias, sírvase admitirlo, y tenga por solicitada la liquidación de intereses y la inclusión en la tasación de costas de los honorarios devengados por el/la letrado/a de la parte ejecutante.

Es justicia que pido en, [PROVINCIA], a [FECHA]

[FIRMA]

(1) Conforme a la disposición transitoria primera de la Ley Orgánica 1/2025, de 2 de enero, de medidas en materia de eficiencia del Servicio Público de Justicia, el 31 de diciembre de 2025, culminará el proceso de transformación de los juzgados en las respectivas secciones de los tribunales de instancia que correspondan.

4.
TASACIÓN DE COSTAS EN EL ORDEN PENAL

Recurso de apelación frente a decisión de exceptuar la condena en costas los honorarios de la acusación particular

Procedimiento: [NÚMERO]

AL JUZGADO DE LO PENAL N.º [NÚMERO] **DE** [LOCALIDAD] **(1)**

PARA LA AUDIENCIA PROVINCIAL DE [LUGAR]

Don/Doña [NOMBRE_PROCURADOR_CLIENTE], procurador/a de los tribunales, en nombre y representación de **don/doña** [NOMBRE_CLIENTE], según consta acreditado en los autos arriba referenciados, bajo la dirección letrada de **don/doña** [NOMBRE_ABOGADO_CLIENTE] colegiado/a n.º [NUMERO] del ICA de [LUGAR], ante el juzgado comparezco y, como mejor proceda en derecho,

DIGO

En fecha [FECHA] se nos ha trasladado la sentencia n.º [NÚMERO], de fecha [FECHA], y estimando que la misma es parcialmente contraria a derecho en lo relativo a los pronunciamientos sobre las costas procesales, mediante el presente escrito interponemos **RECURSO DE APELACIÓN** contra la referida sentencia en lo que se refiere a los pronunciamientos relativos a las costas procesales, y todo ello en base a los siguientes:

MOTIVOS

ÚNICO.- La referida sentencia exceptúa la condena en costas de la acusación particular por entender que [ESPECIFICAR].

Esto supone una infracción de los artículos 123 y 124 del Código Penal, además de los artículos 239 y 240 de la LECrim.

El referido artículo 123 del Código Penal señala claramente que las costas procesales se entienden impuestas por ley a los criminalmente responsables de todo delito, asimismo, el artículo 241 de la LECrim, incluye, con carácter general, entre las costas procesales el pago de los derechos de arancel y de los honorarios devengados por los profesionales de la abogacía.

No obstante lo anterior, la sentencia excluye la imposición de costas a los condenados, y en el fundamento de derecho [ESPECIFICAR] la sentencia recurrida señala [ESPECIFICAR].

Por lo que, a la vista de lo anterior, la referida sentencia infringe los artículos 239 y 240 de la LECrim, pues la objetividad de la condena en costas resulta de los artículos 123 y 124 del Código Penal.

Si que es cierto que existe una posibilidad de excluir la imposición de costas a la acusación particular, pero tal posibilidad es excepcional y requiere una serie de requisitos entre los que se encuentra que la actuación de la acusación particular haya sido inútil, superflua o gravemente perturbadora.

En el presente caso, la actuación de la acusación particular no ha resultado de ningún modo superflua, inútil ni perturbadora.

Pues tal y como resulta del expediente relativo al presente procedimiento [ESPECI-FICAR_ACTUACIONES_DE_LA_ACUSACION_PARTICULAR].

Por lo que, a la vista de lo anterior no cabe duda alguna de que la actuación de esta acusación particular a lo largo del presente procedimiento no ha sido notoriamente inútil o superflua. La conducta del/de la letrado/a a lo largo de todo el procedimiento ha sido siempre proactiva, contribuyendo a la prosecución del proceso, a la investigación y enjuiciamiento de los hechos, asistiendo a todas las diligencias de instrucción practicadas y, prestando asistencia jurídica a la víctima.

Tal y como se recoge en la **sentencia del Tribunal Supremo n.º 208/2017, de 28 de marzo, ECLI:ES:TS:2017:1204:**

> «Conforme a la jurisprudencia mayoritaria de esta Sala, abandonando el criterio de la relevancia, las costas del acusador particular han de incluirse entre las impuestas al condenado, salvo que las pretensiones de aquel sean manifiestamente desproporcionadas, erróneas o heterogéneas en relación a las deducidas por el Ministerio Fiscal, o a las recogidas en la sentencia, exigiéndose el razonamiento explicativo sólo en los casos en los que se deniegue su imposición».

También la reciente **sentencia del Tribunal Supremo n.º 136/2024, de 14 de febrero, ECLI:ES:TS:2024:928** recuerda la doctrina del Alto Tribunal sobre las costas:

> «En segundo lugar, la doctrina de esta Sala en relación a la imposición de las costas de la acusación particular recogida, entre otras, en SSTS 1510/2004, de 21-11; 335/2006, de 24-3; 833/2009, de 28-7; 246/2011, de 14-4; 774/2012, de 25-10; 96/2014, de 12-2; 712/2021, de 22-6, recuerda que las costas del acusador particular han de incluirse entre las impuestas al condenado, salvo que las pretensiones de aquél fueran manifiestamente desproporcionadas, erróneas o heterogéneas en relación a las deducidas por el Ministerio Fiscal o a las recogidas en sentencia, relegándose a un segundo plano el antiguo criterio de la relevancia.
>
> En el mismo sentido la STS. 430/99 de 23.3 destaca que "el art. 124 CP. que impone la obligatoriedad de la inclusión de los honorarios de la acusación particular en los delitos solamente perseguibles a instancia de parte, no se pronuncia en lo que se refiere a los demás hechos delictivos, dejando subsistentes los criterios jurisprudenciales en esta materia. Conforme a éstos (SSTS. 27 de noviembre de 1992, 27 de diciembre de 1993, 26 de septiembre de 1994, 8 de febrero, 27 de marzo, 3 y 25 de abril de 1995, 16 de marzo y 7 de diciembre de 1996), la exclusión de las costas de la representación de la parte perjudicada por el delito, (que constituyen perjuicios para la víctima, derivados directamente de la voluntaria ejecución del delito por el condenado), únicamente procederá cuando su actuación haya resultado notoriamente inútil o superflua, o bien gravemente perturbadora por mantener posiciones absolutamente heterogéneas con las de la acusación pública y con las aceptadas en la sentencia o pretensiones manifiestamente inviables.
>
> Pese a la confusa regulación de las costas en el proceso penal, tanto la doctrina procesal cita actual como la jurisprudencia coinciden en destacar su naturaleza procesal, cuyo fundamento no es el punitivo sino el resarcimiento de los gastos procesales indebidamente soportados por la parte perjudicada por el proceso, bien sea la acusación particular, la privada o la acción civil que representan a la víctima o perjudicado por el delito y deben ser resarcidos de gastos ocasionados por la conducta criminal del condenado, bien el condenado absuelto en caso de acusaciones infundadas o temerarias (art. 240.3 de la L.E.Criminal) . Como señala expresamente la sentencia de 21 de febrero de

1995 que "la condena en costas no se concibe ya como sanción sino como resarcimiento de gastos procesales".

La inclusión en la condena en costas de las originadas a la víctima o perjudicado por el delito, que se persona en las actuaciones en defensa de sus intereses y en ejercicio de los derechos constitucionales a la tutela judicial efectiva (art. 24.1 C.E) y a la asistencia letrada (art. 24.2 C.E), constituye, en consecuencia, la aplicación última al proceso penal del principio de la causalidad, como destaca la doctrina procesal. El efecto de este principio es el resarcimiento por el condenado, declarado culpable del acto delictivo que causó el perjuicio, del gasto procesal hecho por la víctima en defensa de sus intereses».

Por todo ello,

SUPLICO AL JUZGADO:

Que tenga por presentado este escrito, con sus copias, se sirva admitirlo, y tenga por interpuesto **RECURSO DE APELACIÓN** contra la sentencia dictada en el procedimiento de referencia, y, previo devenir legal, elevar los autos a la Audiencia Provincial.

Por ser de justicia, en [CIUDAD], a [DÍA] de [MES] de [AÑO]

Fdo. [LETRADO] Fdo. [PROCURADOR]

SUPLICO A LA AUDIENCIA:

Que, de conformidad con lo expresado en el cuerpo del presente recurso, revoque la sentencia recurrida en el pronunciamiento que se refiere a las costas procesales y se incluyan las devengadas por la acusación particular.

Por ser de justicia, en fecha y lugar *ut supra*.

Fdo. [LETRADO] Fdo. [PROCURADOR]

PRIMER OTROSÍ DIGO, que siendo intención de esta parte cumplir con todos los requisitos legales, a tenor de lo previsto en el **artículo 243.3 de la LOPJ,** se solicita se le diere traslado de cualquier defecto que adoleciere la presente demanda, para la inmediata subsanación de la misma.

SUPLICO A LA AUDIENCIA:

Que tenga por efectuada la anterior manifestación a los efectos oportunos.

Por ser de justicia, en fecha y lugar *ut supra*.

Fdo. [LETRADO] Fdo. [PROCURADOR]

SEGUNDO OTROSÍ DIGO, que, no siendo necesaria la práctica de diligencia probatoria alguna, entiende esta representación que no resulta necesaria la celebración de vista de apelación.

SUPLICO A LA AUDIENCIA:

Que tenga por efectuada la anterior manifestación a los efectos oportunos.

Por ser de justicia, en fecha y lugar *ut supra*.

Fdo. [LETRADO] Fdo. [PROCURADOR]

---

(1) Conforme a la disposición transitoria primera de la Ley Orgánica 1/2025, de 2 de enero, de medidas en materia de eficiencia del Servicio Público de Justicia, el 31 de diciembre de 2025 culminará el proceso de transformación de los juzgados en las respectivas secciones de los tribunales de instancia que correspondan.